AF221336

Das Buch

Die Autorin erzählt in dem Buch ihre Sichtweise und Gedanken zum Thema Leben und Spiritualität. Sie ist überzeugt, dass es noch mehr gibt, als das was wir mit Augen sehen und mit unseren Händen ergreifen können. Sie hat entdeckt, dass es uns zu einem leichteren und schöneren Dasein verhelfen kann. In diesem Buch kombiniert sie Geschichten aus dem alltäglichen Leben, die vielen Menschen aus der Seele sprechen und jeden in irgendeiner Weise betreffen, mit Hilfestellungen und wertvollen Tipps, wie jeder Einzelne sein Leben ändern kann. Sie möchte Menschen die Augen für MEHR öffnen und ihre persönlichen Gedichte laden dabei zum Nachdenken ein. Sie beschreibt ihre Geschichte: Weg vom Existieren hin zum Leben und was dazu notwendig war: Liebe, Glaube und Hoffnung!

Daniela Jud

Weil du am Ende die schönen Dinge sehen willst

Wie Spiritualität mein Leben
veränderte

Alle Angaben erfolgen ohne Gewähr.

Die Autorin kann für eventuelle Nachteile oder
Schäden, die aus den im Buch gemachten Hinweisen
resultieren, keine Haftung übernehmen.

Bibliografische Information der deutschen Nationalbibliothek

Die deutsche Nationalbibliothek verzeichnet diese
Publikation in der deutschen Nationalbibliografie,
detaillierte bibliografische Daten sind im Internet
über http://dnb.dnb.de abrufbar

1. Auflage
© 2018 Daniela Jud
Covergestaltung: Christopher Jud
Herstellung und Verlag
BoD – Books on Demand, Norderstedt
ISBN: 978-3-7528-8759-4

Fürchte dich nicht vor der Veränderung, auch sie wird Geschichte sein, sie ist der Wegweiser deines Herzens, und am Ende wirst du merken, dass genau diese dein Leben zu einem schönen gemacht hat.

Daniela Jud

Inhalt

1. EINLEITUNG

Herzlich Willkommen in meinem ersten Buch. Ich möchte dich mitnehmen auf eine Reise durch mein Leben, will mit dir über meine Erlebnisse sprechen, dir meine Gedanken dazu erzählen und dich vielleicht für dein Leben inspirieren etwas zu ändern, wenn du das möchtest. Du kannst dir mein Buch natürlich auch einfach nur durchlesen und in dein Regal stellen, denn vielleicht ist für dich der richtige Zeitpunkt noch nicht gekommen. Nimm dir einfach das raus, was sich für dich gut anfühlt. So schwer Veränderungen und Entscheidungen auch sind, sie bringen dir immer eine Besserung in deinem Leben. Auch wenn es im ersten Moment so scheint, als würde eine Welt zusammenbrechen und alles ist scheiße, wirst du irgendwann erkennen, dass es gut für dich ist. (Entschuldige bitte den Kraftausdruck, aber so habe auch ich mich 2017 gefühlt bevor ich beschloss, alles, was mir nicht gut tut und nicht in meinen Lebensplan passt, zu beenden oder zu ändern.)

Dieses Buch, das du hier in deinen Händen hältst und aufmerksam durchliest (oder auch weniger aufmerksam, sollte dies der Fall sein lege es bitte lieber weg und lies es erst wieder wenn du aufnahmefähig bist), war mein Traum seit ich Schreiben und Denken kann und ich finde es wurde sehr außergewöhnlich.

Also wie man sieht: Träume können gelebt werden, wenn der richtige Zeitpunkt dafür gekommen ist.

Ich habe mein Leben lang überlegt: Was für ein Buch schreibe ich? Einen Roman? Leider fehlt mir (im Moment) die passende Idee. Alles was mir einfällt hat entweder mit Vampiren oder Phantasiewesen zu tun oder ist zu sehr an Fifty Shades of Grey Bücher angelehnt. Zu diesen Themen gibt es schon genug und zu gute. Einen Ratgeber? Davon gibt's auch schon zu viele und dabei muss man etwas Besonderes haben, um aus der Masse herauszustechen. Also dachte ich mir, ich verbinde Geschichten aus meinem Leben mit meinen Gedichten, denn wenn man genauer hinsieht, verfolgen einen die großen Themen wie Liebe, Eifersucht, Geld und Freundschaft ein Leben lang und es gibt immer und vor allem bei jedem Menschen eine Geschichte dazu.

Ich habe mein Buch in einzelne Themen unterteilt. Das heißt, wenn dich davon was sofort interessiert, weil es gerade zu deiner Lebenssituation passt, oder du das Gefühl hast, du musst das jetzt lesen, dann kannst du gerne auch im Buch herumspringen. Du verpasst nichts, wenn du Seite hunderteins zuerst liest und dann erst Seite fünfzehn.

Ich wünsche dir viel Spaß beim Lesen, ich bin dir dankbar, dass du meinen Traum wahr machst und mit mir teilst. Ich hoffe, dass du das ein oder andere aus meinem Buch auch für dein Leben mitnehmen kannst.

Ich werde dich in diesem Buch mit „Lieber Leser" und in der DU-Form ansprechen, da es einfacher zu schreiben und zu lesen ist. Bitte nicht böse sein, ich ehre und respektiere Frauen und Männer gleichermaßen. Ich verbinde hier mein Leben, meine Erfahrungen, meine Erlebnisse, die ich mache beziehungsweise gemacht habe, auf meinem Weg zur Selbstfindung und Selbstliebe. Ich bin ja der festen Überzeugung, dass man Schöpfer seines eigenen Lebens ist und dass alle unsere Gedanken, wenn wir nur lange und stark genug daran festhalten, irgendwann unsere Wirklichkeit werden.

Lass' im Gedanken Wunder geschehen,
lass' dabei keinen Tag ohne vergehen.
Glaube daran, dass alles Wirklichkeit ist,
dass du der Mensch der du sein willst,
auch wirklich bist.

Glaubst du daran, wirst du andere Wunder erkennen,

und du wirst ein glückliches Leben dein eigen nennen.

Also mein Name ist, wie du schon mitbekommen hast, Daniela. Ich bin Anfang dreißig, habe langes hellbraunes Haar und blaue Augen. (Ich hatte früher blonde und kürzere Haare, aber mein neues ICH hat sich optisch nicht wohlgefühlt und hat sich in der neuen Optik wiedergefunden.) In der Phase, in der ich anfing, dieses Buch zu schreiben war ich Single, arbeitslos und wohnte mit meinem Sohn in einer achtundvierzig Quadratmeter großen Mietwohnung. Das muss sich jetzt für dich total schlimm anhören, ich weiß. Bitte, du brauchst jetzt kein Mitleid haben. Das ist sehr lieb von dir, aber ich leide nicht, also sollst du es auch nicht müssen. Noch mehr wird es dich erstaunen, dass ich so glücklich bin, wie noch nie zuvor in meinem Leben. Jedes Erlebnis, jede einzelne negative Situation, jede Entscheidung, die ich treffen musste, haben mich stärker gemacht und mir meinen Weg gezeigt. Ich weiß jetzt, wie ich sein will und wie ich leben möchte und vor allem, was ich nicht mehr in meinem Leben brauche. Viele Tränen, nächtelanges Zweifeln und Denken beherrschten mich bis ich wusste, dass ich alles richtig gemacht habe und dass das jetzt der Weg ist, der mich erfüllt, und alles was passierte dafür notwendig war, um jetzt die Erfüllung zu erfahren.

Ich will nicht sagen, dass man dann nicht mehr zweifelt oder weint, es kommen immer wieder solche Momente in denen man sich fragt: „War das wirklich die richtige Entscheidung?" Aber die vergehen, wenn man weiß, dass es kein richtig oder falsch gibt. Das Universum testet einen immer wieder, um Möglichkeiten zu bieten, über Alternativen nachzudenken, oder um zu sehen, ob man wirklich von dem was man tut überzeugt ist.

Jede Entscheidung ist nur ein weiterer Schritt in irgendeine Richtung und wenn man sie aus dem Bauch aus trifft, ist sie die richtige für das Herz.

Solltest du dich gerade in einer ähnlich schwierigen Situation befinden, lieber Leser, dann wünsche ich dir viel Kraft, weil ich nur zu gut nachempfinden kann wie es ist, wenn man am Scheidepunkt steht und nicht mehr ein aber auch nicht aus weiß. Du wirst die für dich stimmige Entscheidung treffen, hör' auf deinen Bauch, deine Intuition, dann bist du auf dem für dich richtigen Weg!

2. SPIRITUALITÄT UND GLAUBE

Alles was wir jetzt sind, ist das Resultat unserer Gedanken.

Buddha

Ich möchte dich darauf hinweisen, dass alles, was du in meinem Buch liest, meine Empfindung darstellt und ich dieses Wissen aus verschiedensten Büchern bezogen habe. Diese Meinungen und Gedanken habe ich für mich übernommen und sie so verändert, dass diese für mich und mein Leben stimmig sind. Es gibt viele Ansichten zu allen Themen, aber ich erzähle dir hier die, welche mein Leben bereichern. Sie haben mir geholfen, viele Dinge anders zu betrachten, sodass mir viele Lebensthemen nicht mehr so viel Stress und Sorgen bereiten. Sie erleichtern mir mein Dasein und so kann ich ein glückliches und zufriedenes

Leben führen, in dem natürlich auch Probleme dazugehören, denn wir leben auf der Erde nach dem Gesetz der Polarität. Dieses besagt, dass alles zwei Pole hat und braucht, ohne Tag keine Nacht, ohne Licht kein Schatten, und ohne unsere Probleme würden wir die schönen Zeiten nicht zu schätzen wissen.

Ich möchte mit dir einzelne Themen beleuchten und wenn du mehr und genaueres darüber lesen möchtest, werde ich am Ende des Buches ein Literaturverzeichnis anbieten, in dem viele Quellen meines Wissensursprungs angegeben sind. Vorab kann ich dir gleich mal die Bücher von Pascal Voggenhuber ans Herz legen, vor allem ENJOY THIS LIFE hat mein Leben am einschlägigsten verändert.

Ich starte mal mit der ersten Erkenntnis, die für mich schon mal sehr prägend war: Wir sind alle Seelen, Teile einer Hauptseele, die hier auf der Erde wohnen um zu lernen. Wir nehmen bei unserer Geburt eine Hülle (einen

Körper) an und haben Lebensaufgaben zu erfüllen. Bevor wir geboren werden, sucht sich unsere Hauptseele, die sich in der geistigen Welt befindet, aus, wo sie hineingeboren wird, um möglichst viele Lebensaufgaben lösen zu können. Dann schickt sie einen Seelenteil los, (in dem befinden sich auch alle Informationen aus früheren Leben), um sich auf der Erde zu vergnügen und um zu lernen. Das ist jetzt sehr vereinfacht dargestellt und wenn es dich interessiert gibt es Podcasts und YouTube Videos von Pascal, in denen er solche komplexen Themen super verständlich erklärt.

Mir hat das sehr geholfen, denn wenn jetzt ein Problem auf mich zukommt, versinke ich nicht mehr tagelang im Selbstmitleid und frage mich, warum ich schon wieder so ein Pech habe und warum immer mir solche schlimmen Dinge passieren. Nein, ich packe es an und überlege mir, was mir die geistige Welt jetzt damit mitteilen will? Was soll ich damit anfangen? Was soll ich ändern? Es gibt immer eine positive Seite dabei, auch wenn sie erst spät erkennbar ist.

Das beste Beispiel kann ich dir bei meinem Sohn geben: Mein Sohn geht in den Kindergarten. Ich bin zwar, während der Phase der Arbeitssuche, zu Hause aber habe mir immer etwas zu tun aufgegeben und meine Tage verplant. Plötzlich wurde er krank und er musste im Bett bleiben, was ja gut war, dass das jetzt passierte, wo ich nicht in einem Dienstverhältnis steckte. Aber er benötigte meine ganze Zeit und Aufmerksamkeit und ich hätte ihm am liebsten jede Sekunde Leid abgenommen. Ich saß immer neben ihm, hielt seine Hand, er hatte einen grippalen Infekt und ich sagte alle Termine ab. Nach ein paar Tagen gab mir mein Sohn die Antwort auf meine Frage, warum das jetzt passierte: „Mama weißt du, es ist so schön mit dir daheim so viel Zeit zu verbringen, ich bin sicher bald wieder gesund."
Ich bemerkte, dass ich ziemlich unaufmerk-

sam wurde in letzter Zeit, meine Probleme mich seelisch und geistig wieder zu sehr beanspruchten, und ich ihm deshalb nicht genug Beachtung schenkte. Die Krankheit zwang mich dazu, mich mehr um ihn zu kümmern, und es wurde eine wunderschöne Woche, weil wir eine lustige, intensive Zeit zusammen verbrachten. So setzte auch die Heilung schneller ein…

Also wenn du das nächste Mal ein Problem hast, versuche zu erkennen, welche positive Seite dahintersteckt, und pack' es an! Klingt jetzt im ersten Moment leicht, ich weiß, aber mir hat das richtig geholfen.

Noch was für dich zum Nachdenken: Alles ist und hat Energie. Menschen, Gegenstände, Tiere, einfach alles. Indem du positiv denkst, sprichst und fühlst, kannst du dein Leben auf ein positives Level bringen, und da wir auch unter dem Gesetz der Anziehung leben, ziehst du alles, was du bist und von dir gibst, auch in deinem Leben an. Deshalb: Überlege das nächste Mal, wenn du über jemanden schimpfst oder schlecht redest oder auch wenn du dir sagst: „Das schaffe ich nicht!" Genau so wird es eintreffen. Versuche es mal mit: „Mir gelingt alles, ich bin gut und ich ziehe nur Gutes in mein Leben!" Sage es dir immer wieder. Sei davon überzeugt. Dann wird es auch wahr werden. Dazu kann ich das Buch oder die DVD „The Secret" von Rhonda Byrne empfehlen, daraus habe ich einige der wichtigsten Erkenntnisse in meinem Leben.

Zum positiven Denken noch: Ich habe mir ein Diktiergerät gekauft und für mich positive Affirmationen aufgenommen. Einige davon sind ICH BIN SELBSTBEWUSST, ICH WEISS WAS ICH WILL, ICH LIEBE MEIN LEBEN, ICH BIN GLÜCKLICH und so weiter. Diese laufen in Endlosschleife beim Einschlafen und mit der Zeit gehen sie so in deine Zellen über, dass du irgendwann keine Wahl mehr hast als an sie zu denken und sie zu leben, denn dein Gehirn speichert sie und ruft sie auch permanent ab.

Etwas woran ich auch noch Gefallen gefunden habe, ist Dankbarkeit. Ich hatte früher alles in meinem Leben: Ein Kind, ein Haus, einen guten Job und einen (Fast-) Ehemann. Doch mir fehlte das Wichtigste: Glücklich zu sein. Heute habe ich eine kleine Wohnung, den Traum von meinem perfekten Job, meinen Sohn, der ein Geschenk Gottes ist und bin mir selbst der beste Partner. Jetzt habe ich aber auch das Wertvollste: Ich lebe glücklich, zufrieden und bin dankbar für alles, was ich habe. Ich mache mir jeden Tag abends eine Liste, wofür ich dankbar bin und ziehe damit nur noch wundervollere Eigenschaften, Personen und Dinge in mein Leben.
Paul und ich haben abends beim Schlafengehen noch so ein Ritual: Wir sagen uns abwechselnd, wofür jeder dankbar ist, und ich bin immer wieder erstaunt, an welche schein-

bar banalen und einfachen Sachen Kinder denken, die für uns Erwachsene selbstverständlich sind. Letztens schaute er mich ganz herzig an und meinte: „Mama, weißt du, wofür ich dankbar bin? Dass ich so eine schöne Mama habe." Und dann kommen aber auch wieder total ernsthafte Dinge wie: „Danke, dass ich laufen kann." „Weil weißt du, die Frau im Rollstuhl, der du ins Klo geholfen hast, die kann nicht mehr laufen." Ich muss dir ehrlich sagen, mein Sohn mit seinen vier Jahren verblüfft mich jeden Tag. Wir sollten den Kindern viel aufmerksamer zuhören, denn sie sprechen Wahrheiten frei aus, die wir Erwachsenen übersehen oder uns einfach nicht zu sagen trauen.

3. FAMILIE

Das Erste, das der Mensch im Leben vorfindet, das
Letzte, wonach er die Hand ausstreckt, das Kostbars-
te, was er im Leben besitzt, ist die Familie.

Adolf Kolping

Ich habe jetzt lange überlegt wie weit vorne in meinem Leben ich anfangen soll. Eigentlich dachte ich, die letzten Jahre haben mich stark geprägt, aber nein, seine Lebensaufgaben werden einem schon sehr früh aufgezeigt, aber man nimmt sie als Teenager noch weniger wahr als später, wenn man nicht anfängt, bewusst zu leben. Ich hatte eine schöne, gut behütete Kindheit und dadurch blieben mir, auch dank meiner Eltern, viele negative Erfahrungen fern.

Eine wichtige Erkenntnis, die ich für mich gewinnen konnte auf meinem Weg zur vollkommenen Selbstständigkeit: Man ist ab achtzehn kein Kind mehr und sollte auch nicht mehr auf die Aufmerksamkeit der Eltern angewiesen sein oder darauf bestehen, dass die Eltern eine gute Meinung von einem haben beziehungsweise sich sogar danach richten. Nein, man ist selbst erwachsen und sollte selbstbestimmt leben. Aber natürlich sind und bleiben Eltern und Geschwister Familie und sie werden immer Teil deines Lebens sein. Deshalb akzeptiere sie so wie sie sind mit allen Schwächen und Stärken. Liebe sie, auch wenn ihr mal eine „Pause" einlegt, und vergib ihnen, wenn sie manchmal Sachen sagen oder tun, die dich verletzten. Es ist deine Entscheidung, wie du mit Worten und Taten umgehst, du kannst niemanden ändern, aber du kannst die Art und Weise anpassen, wie du damit umgehst.

Etwas was ich gelernt habe und was für dein Zusammenleben mit deinen Eltern vielleicht auch gut sein könnte: Mische dich niemals in die Beziehung deiner Eltern ein. Genauso sollte es auch umgekehrt sein. Eltern haben kein Recht, ihren „Seelenmüll" bei ihren Kindern abzuladen, denn automatisch sind sie emotional in der Zwickmühle. Deine Eltern haben kein Recht dir als „Kind" diesen Ballast zuzumuten. Aber auch umgekehrt solltest du den Rat bei Beziehungsschwierigkeiten nicht bei deinen Eltern suchen, dafür gibt es im Erwachsenenalter Freundschaften.

Bei deiner Familie kannst du ganz du selbst sein,
egal ob du groß bist oder klein.
Bei deiner Familie hast du immer ein Zuhause,
und wenn du Hunger hast auch immer eine Jause.
Mit einer Familie hast du riesen Glück,
deine Familie begleitet dich dein Leben lang Stück für Stück.

Ich war immer ein braves, folgsames Kind und habe früh für mich und meinen Bruder

Verantwortung übernommen. Meine Mama musste arbeiten gehen und wir blieben dann nach der Schule alleine zu Hause. Früher fühlte ich mich manchmal traurig, doch heute bin ich meiner Mama sehr dankbar, denn das war wahrscheinlich auch ein Mitgrund dafür, dass ich schnell selbstständig wurde und für mich Verantwortung übernommen habe. Also wie alles im Leben hat auch das seine Schatten- und Lichtseite.

Mein Bruder und ich haben oft gekämpft, andererseits waren wir wie ein Herz und eine Seele und wenn er mit meinen Barbies spielte, konnte ich mit seinen hässlichen Actionfiguren Verbrecher jagen. Als wir älter wurden, haben wir uns aus lächerlicher Dummheit und falschem Stolz lange Zeit aus den Augen verloren. Doch jeder macht Fehler und jeder hat eine zweite Chance verdient, vor allem wenn es um die Familie geht.

„Du brauchst nicht um Verzeihung bitten, ich habe
dir in dem Moment vergeben als du entschieden hast,
mein Bruder zu sein und geboren wurdest. "

Auch wenn du es dir nicht vorstellen kannst, entweder weil du nicht so spirituell bewandert bist oder du dich einfach nicht dafür interessierst: Deine Seele hat sich deine Familie ausgesucht und jetzt nimm' es als das, was es ist: Ein Geschenk, um möglichst viele positive und negative Erfahrungen zu machen und um für deinen Lebensweg zu lernen!

Ich denke an die Zeit, in der wir noch Kinder waren,
Zusammenhalt und Frieden, danach hast du mich
wieder gezogen an meinen Haaren.
Nach einem Streit schlossen wir einfach die Türen
hinter uns zu,
trotzdem waren wir unzertrennlich, ich und du.
Ich hab' es dir so noch nie gesagt,
weil du so bist wie du bist,
ist der Grund warum ich dich mag.

4. LIEBE

*Du und ich: Wir sind eins. Ich kann dir nicht weh
tun, ohne mich zu verletzen.*

Mahatma Gandhi

Lieber Leser, alles in allem wirst du merken,
dass die meisten meiner Geschichten und Gedichte von Liebe handeln, von ihr erfüllt sind
oder auf der Suche nach ihr. Denn egal in wel-
cher Form, eines habe ich für mich gelernt:
Liebe kostet nichts, sie ist immer da in allem
was du tust oder egal wer du bist oder was du
suchst. Die Liebe geht nie und du findest sie
ganz einfach: IN DIR.

Da wären wir schon beim nächsten Thema:
Selbstliebe. Ein starkes und großes Wort,
wenn du mich fragst. Viele können nämlich
damit überhaupt nichts anfangen, dabei ist
Selbstliebe ein wertvoller Schritt auf deinem

Lebensweg, und besitzt du keine oder nur wenig, bist du im Mangel. Du suchst sie immer im Außen (bei anderen Menschen oder Dingen) und stürzt dich in eine Beziehung nach der anderen, weil du einfach nicht allein sein kannst. Oder du holst dir diese Aufmerksamkeit (Liebe) von Männern durch Sex. Du denkst, wenn du immer und überall für einen Mann da bist, alles tust was er will, dann liebt er dich. Vielleicht nicht jetzt aber vielleicht irgendwann. Und auch wenn er vergeben ist, vielleicht entscheidet er sich ja für dich, wenn du ihm immer wieder diese Aufmerksamkeit schenkst. Er hat so viele andere Frauen, ach egal, er wird sich für dich entscheiden, ihr gehört einfach zusammen. Er sagt, er will keine Beziehung mit dir, er lügt, er weiß es nur noch nicht, aber ihr werdet eines Tages ein glückliches Paar sein und zufrieden bis an euer Lebensende vorm Fernseher hocken, und sinnlose Sendungen anschauen. Kennst du das zufällig? Gibt's natürlich auch in umgekehrter

Form, es gibt auch Männer, die sich so von Frauen abhängig machen. Ich habe relativ viele Frauen kennengelernt im letzten Jahr und mich mit einigen ausgetauscht und ich habe leider genau nachvollziehen können, wie sie empfinden.

Ich will ja nicht sagen, dass sich dieser Traum nicht erfüllen kann, aber in den meisten Fällen geht er für den, der sehnsüchtig etwas erwartet, noch schmerzhafter zu Ende als es schon war. Und wenn jemand oder etwas füreinander bestimmt ist, gibt es auch einen Weg zueinander, aber ohne dass man darum bitten oder kämpfen muss. Das Universum wird Mittel und Wege finden, das was zusammengehört, zueinander zu bringen.

Ich habe diese Art zu leben selbst jetzt seit fünfzehn Jahren manchmal mehr, manchmal weniger intensiv praktiziert. Doch ich habe diesen Kreislauf beendet und kann mein Leben alleine reich an Fülle sein lassen. Ich kann jetzt einen Partner annehmen und zwar nicht um einen Mangel auszugleichen, sondern weil ich alle schönen Dinge, die ich erlebe, mit ihm teilen möchte.

Du bist die Sonne an einem verregneten Sommertag,
schenkst Wärme, nährst meine Seele mit Licht,
du bist wie ich, nur anders.
Du zeigst mir meine Schwächen auf und
bringst mich dazu, sie zu meinen Stärken werden zu
lassen.
Du begleitest mich auf meinem Weg,
hältst meine Hand in der Dunkelheit,
lässt sie los, wenn ich frei sein will.
Körper, Seele und Geist teile ich mit dir,
nicht weil du es brauchst oder forderst,
sondern weil du dankbar bist, alles von mir zu haben.

Für mich war das Wort Selbstliebe ein Fremdwort, ja sozusagen ein Fremdkörper, eine Energie, die weit weg irgendwo auf einem anderen Kontinent gewohnt hat, aber nicht mal in der Nähe meines Körpers, meiner Seele oder meinem Geist war. Aber was ist das nun, diese Selbstliebe? Meiner Meinung nach bedeutet Selbstliebe, sich so anzunehmen wie man ist; Fehler die man gemacht hat, zu verzeihen, denn es gibt keine Fehler, das sind Erfahrungen; und alle guten Eigenschaften zu loben. Kurz sich selbst zu lieben und wertzuschätzen.

Es bedeutet alle deine positiven Charaktereigenschaften und Äußerlichkeiten zu betonen, hervorzuheben was dich strahlen lässt und was du an dir magst. Stell' dich (nackt) vor den Spiegel, und frage dich, was du sehr an dir magst, konzentriere dich nur auf das, worauf du stolz bist. Sich selbst zu lieben bedeutet auch, seinen Körper zu akzeptieren und sich so anzunehmen wie man ist.

Unternimm' etwas auch mal alleine nur für dich, sammle deine Gedanken, nur wenn du allein bist hast du Zeit, dich auf deine Bedürfnisse, Wünsche und Gefühle zu konzentrieren. Ich bin gerne alleine unterwegs, aber nicht, weil ich niemanden habe, mit dem ich Dinge unternehmen kann, sondern weil ich es liebe, mit Fremden ins Gespräch zu kommen. Und diese Bereicherung erfährst du nur, wenn du niemanden dabei hast, dem du deine ganze Aufmerksamkeit schenkst.

Noch ein Tipp: Lege vielleicht auch mal dein Handy auf die Seite und beobachte die Menschen und die Umgebung rund um dich. Ich sehe viel zu oft, dass Leute im Cafe sitzen und an ihren Smartphones herumspielen und permanent nachschauen müssen, was es in den letzten fünf Minuten Neues auf Instagram oder Facebook gibt.

Doch das Wichtigste ist: Lass' dir von niemanden sagen, dass du nicht gut genug aussiehst oder dass du etwas nicht kannst. DU BIST WERTVOLL, DU BIST GUT GE-NUG, DU BIST PERFEKT SO WIE DU

BIST, DAS BIST DU und DU BIST EIN-
ZIGARTIG.

Das Thema Selbstliebe ist natürlich noch viel
komplexer, als ich hier beschrieben habe. Du
findest genug Bücher dazu und wenn es dich
interessiert, kannst du dich ja auch im Internet
schlau lesen.

Ich bin wertvoll so wie ich bin,
alles, was ich mache, ergibt einen Sinn.
Ich bin gut genug, um meine Träume zu leben,
ich kann mir Liebe und Aufmerksamkeit zu jeder
Zeit selber geben.
Ich liebe mich und betrachte mich gern,
Zweifel und Unmut halte ich von mir fern.
So wie ich bin kann ich mich akzeptieren und anneh-
men,
ich muss mich vor niemandem für etwas an mir schä-
men.
Ich bin stolz auf den Erfolg, den ich in meinem Leben
schon erreicht habe,

und trage mit Ehrfurcht jede dafür notwendige Narbe.

Liebe ist wohl das größte Thema, denn du kannst für alles und für jeden Liebe empfinden. Das wohl schönste und größte Gefühl von grenzenloser, bedingungsloser Liebe empfand ich bei der Geburt meines Sohnes. Diese Liebe empfinde ich als einzigartig, die lässt sich mit nichts auf dieser Welt vergleichen. Wenn dein Fleisch und Blut, das du gerade unter Schmerzen aus deinem Körper gepresst hast, dann auf deiner Brust liegt und dich ansieht, weißt du, dass du dieses kleine Wesen dein ganzes Leben lang lieben wirst. Auch wenn es dir dann mal in der Pubertät die Tür vor der Nase zuknallt und dir netterweise mitteilt, dass es dich hasst, weil es jetzt nicht weggehen darf, ja, auch dann werde ich versuchen, mich an die glücklichen Momente zu erinnern, und es lieben. So lange musste ich nicht warten, Paul hat mir mit vier Jahren mitgeteilt, dass ich ab jetzt nicht mehr seine Mama bin und er nicht mehr mein Kind ist, weil ich ihm nicht erlaubt habe, noch eine weitere Folge von seiner Kindersendung anzusehen. Obwohl ich es eigentlich ganz gut schaffe, meine Gedanken und Gefühle zu kontrollieren, traf mich diese Ansage wie ein Blitz. ICH, seine MAMA, die ihn tagtäglich küsst und mit ihm kuschelt wenn er morgens aufwacht, ihn köstlich versorgt, ihm jeden Tag sagt, was für ein toller Mensch er ist, abends vorm Einschlafen für ihn singt und seine Hand hält, ICH SOLL NICHT MEHR SEINE MAMA SEIN? Ich wollte am liebsten weinen und schreien gleichzeitig, das hat er natürlich auch erwartet, stattdessen habe ich ihm in aller Ruhe mitgeteilt, dass ich immer seine Mama sein werde und er immer mein Kind sein wird, und egal ob er sich jetzt entscheidet brav oder schlimm zu sein, daran wird sich nichts ändern.

Fünf Minuten später meinte er dann wieder, dass ich eine liebe Mama bin, weil ich als Alternative ein Buch vorlas, aber die Worte konnte ich nicht so schnell vergessen. Ich weiß, dass er es nicht so meinte, aber das von meinem „Baby" zu hören war schon schlimm. In diesem Moment wurde mir dann so richtig klar: Er testet mich, so richtig, er fordert mich ab jetzt verbal heraus und inzwischen liebe ich dieses Spielchen. Wir können beide viel voneinander lernen. Er hat noch zwei, drei Mal versucht diese Psychophrase anzuwenden, um zu sehen ob ich wohl doch noch einknicke, aber da meine Reaktion immer dieselbe war, verwendet er sie auch nicht mehr.

Ein unsichtbares Band, das uns verbindet,
eine grenzenlose Liebe, die niemals endet.
Durch unsere Körper fließt das gleiche Blut,
du hast den Stolz eines Adlers, von einem Löwen den Mut.
Schwere Zeiten werden dich finden,

doch ich halte dich, ich lass' sie schwinden.

Weine vor Freude und Glück,

schau' immer nach vorne niemals zurück.

Schaffe Erinnerungen die bleiben,

Rede viel, aber lerne im richtigen Moment zu schweigen.

Das Thema Kind ist eigentlich auch so ein riesengroßes, dass ich darüber auch ein spannendes Buch schreiben könnte, vor allem, weil Paul ein sehr einfühlsames, offenes, lebendiges aber sehr folgsames Kind ist. Im Grunde genommen würde ich ihn als „pflegeleicht" bezeichnen und ich bin jeden Tag dankbar, so ein tolles Kind (anerzogen) zu haben. Die Klammer verwende ich mit Absicht, weil sich viel darüber diskutieren lässt, was aus Genen resultiert und was aus Nachahmung und Erziehung stammt.

Meine persönliche Erfahrung die ich kundtun kann: Kinder sind die Spiegelbilder der Eltern.

Da ich alleinerziehend bin seit Paul drei Jahre alt war, kann ich mit Sicherheit sagen, dass er mir oft ziemlich deutlich aufzeigt, wie ich mich momentan fühle. Ich brauche nur sein Verhalten beobachten und weiß ganz genau, ob bei mir alles in Ordnung ist, oder ob ich bei mir etwas „Anschauen" muss. Natürlich kommt sein eigenes Wesen und kindliches Verhalten hinzu, da seine Seele etwas zu lernen und ihren Weg zu finden hat. Ich spüre den Unterschied aber inzwischen ganz gut. Viele Mamas und Papas schaffen es in dem ganzen Alltagsstress einfach nicht ihren Kindern genügend Zeit und Beachtung zu schenken. Das verstehe ich, aber wenn man sich ernsthaft Gedanken macht, warum mein Kind irgendwelche Auffälligkeiten aufweist, sollte man zuerst mal sich selbst beleuchten. Seit ich meine ruhige und ausgeglichene Seite lebe, überträgt sich das auch auf das Verhalten meines Kindes. Wir haben früher ganz schön gefetzt. Ich habe meine Stimme erhoben, er hat mich angeschrien. Wenn wir uns jetzt uneinig sind, spiegelt sich das schnell in einer (relativ) friedlichen Diskussion (meistens) wieder. Ich bin ja oft ganz überwältigt, welche Argumente er vorbringt. Mein vierjähriger Sohn schlägt mich mit meinen eigenen Waffen.

Aber ich liebe ihn dafür und ich bin so stolz auf ihn und darauf was für ein toller, kleiner Mensch aus ihm geworden ist, obwohl ich, als ich mich von seinem Papa getrennt habe, große Sorge hatte, wie er das verkraften würde. Lange musste ich es ihm immer wieder erklären, dass wir nicht mehr bei Papa wohnen und wir zwei jetzt in der Wohnung leben ohne Papa.

Zum Glück, muss ich gleich sagen, dass der Kontakt zu seinem Papa noch gut ist, er sieht ihn sehr oft, das erleichtert die Situation natürlich für alle Beteiligten. Er ist ein toller Papa und ein lieber Mensch.

Aber es hat Paul natürlich immer wieder beschäftigt, dass Mama und Papa sich nicht mehr lieben. Die wohl süßeste Erklärung dafür lieferte er selber eines Tages beim Schlafengehen: „Mama, ich weiß jetzt warum du und Papa nicht mehr zusammen seid: Dein und Papa sein Herz ist gebrochen, jetzt passt es nicht mehr zusammen."

Ich seh' das Strahlen in deinen Augen,
ich liebe es, dir einfach nur zuzuschauen.
Wenn du lachst, hört die Welt auf sich zu drehen,
mein Leben lang werde ich dir zur Seite stehen.
Nachts rufst du mich, um meine Nähe zu spüren,
ich werde dich auf jeden deiner Wege begleiten und dich
zu jedem Ziel führen.
Seit du da bist, spüre ich das Leben,
dass es dir immer gut gehen wird, dafür werde ich alles
geben.
Manchmal wirst du weinen und traurig sein,
wenn du mich rufst werde ich für dich singen, tanzen
oder schreien.
Ich liebe dich so sehr, dass Worte nicht genügen,
jeder Tag mit dir ist ein Geschenk und ein Vergnügen.

Mit deinen kleinen Händen berührst du meine Seele,

Ohne zu zögern hörst du auf die meisten meiner Befehle.

*Mit deinen kleinen Füßen betrittst du nicht einfach
nur den Raum,*

*du erhellst ihn mit deinem Sein, dann weiß ich wieder,
du bist mein.*

*Du lehnst dein Köpfchen an meine Schulter und stellst
mir tausend Fragen,*

*wenn du willst werde ich dir tausend Mal die gleichen
Antworten sagen.*

Ich bewundere oft deinen Mut Neues zu entdecken,

*du laufst einfach drauf los, ohne Fehler und Unwahr-
heiten zu verstecken.*

Zum Einschlafen kuschelst du dich müde an mich,

*ich brauch' nicht viel Geld zum leben, nur diesen einen
Moment und dich.*

5. TRENNUNG

Große Veränderungen in unserem Leben können eine zweite Chance sein.

Harrison Ford

Trennungen sind immer schwierig und es zerriss mich innerlich, nach so vielen Jahren den Vater meines Kindes zu verlassen. Das war keine Entscheidung von heute auf morgen, aber ich war nicht mehr glücklich und habe einfach bemerkt, dass sich vieles in meinem Leben ändern muss. Meine Gefühle reichten einfach nicht aus für ein „gemeinsam", ich empfand nicht mehr genug Liebe für ihn, das lag aber auch daran, weil ich für mich keine übrig hatte. Wie sollte ich jemand anderes lieben oder wie kann mich ein Partner lieben, wenn ich es selbst nicht mal tue? Ich wollte eine Trennung bevor unsere Beziehung irgendwann, vielleicht nach einem Seitensprung, böse endet, schließlich sollte man sich ja auch noch vernünftig unterhalten können, allein schon des Kindes wegen. Und das ist die wichtigste Message, die ich allen mitgeben kann. Auch wenn es unschön endet, wenn Gefühle wie Hass oder Wut die Beziehung der Erwachsenen überschattet, einigt euch friedlich für das Wohl eures Kindes. Die kleine Seele soll diesen ganzen Kummer und Schmerz nicht aufnehmen müssen, nur weil ihr euch in manchen Situationen nicht unter Kontrolle habt. Redet, diskutiert, streitet - aber niemals in der Anwesenheit eines Kindes. Mir hat einmal ein fremdes Kind am Spielplatz erzählt, dass es nicht nach Hause will, weil Mama und Papa so laut schreien. Ich lass' das mal so stehen, das war für mich ein total trauriger und emotionaler Moment.

Du sitzt neben mir und starrst mich nur an,
du bist mir so fremd, nicht mehr DER MANN.

Du nimmst meine Hand und flehst mich an dir zu

verzeihen,

doch ich habe keine Worte mehr für dich, ich will nicht

bleiben.

Nichts was du sagst oder tust berührt mich mehr,

ich bin müde, ich fühle mich leer.

Du warst alles für mich, meine Liebe, mein Leben,

doch nichts von dem was du brauchst kann ich dir

noch geben.

Ich schau in meine Zukunft, in der gibt es kein WIR,

nein, quäl dich nicht, es liegt an mir.

Es ist meine Schuld, ich dachte du änderst dich für

mich,

doch wenn du es jetzt tust, dann nur für dich.

Wir haben uns bemüht, unser Bestes gegeben,

es tut weh, aber es ist Zeit aufzugeben.

Kämpf' nicht weiter um mich, es hat keinen Sinn,

ein neues Leben allein, unvorstellbar,

aber eine neue Chance für uns beide, Zeit für einen

Neubeginn.

6. MOBBING

Der Krieg hat einen sehr langen Arm. Noch lange,

nachdem der Krieg vorbei ist, holt er sich seine Opfer.

Martin Kessel

Ein anderes Thema, das viele Menschen von klein auf betrifft und mit dem viele umgehen müssen oder in ihrem Leben in Berührung kommen: Mobbing. Ich bin in meiner Schulzeit davon verschont geblieben, hatte immer gute Noten, gute Freunde und außerschulische Aktivitäten, die mich umgänglich machten. Diesen menschlichen Fehltritt lernte ich das erste Mal in meiner Arbeit kennen. Und das Banale dabei: Ich wurde nicht wegen meines Aussehens oder meiner Art gemobbt. Der Auslöser war ein gekränktes Männerego. Ich verliebte mich damals in einen Arbeitskollegen und das hat einigen anderen, einer davon wäre gerne an seiner Stelle gewesen, nicht gepasst.

Als sie dann mitbekamen (mein Freund damals hat gekündigt, weil er wusste, dass es Schwierigkeiten geben würde), dass wir ein Paar sind, regnete es negative Kritik über meine bisher unfehlbare Arbeitsweise. Es gab Getuschel hinter meinem Rücken und irgendwann wollte keine mehr wirklich etwas mit mir zu tun haben. Ich musste mir auch mal ziemlich derbe, unter der Gürtellinie liegende, Ausdrücke über mich anhören, weil keiner bemerkte, dass ich im Nebenraum war. Heute weiß ich, alles was diese Menschen anderen Menschen „antun", hat etwas mit ihnen selbst zu tun. Ich kann mir vorstellen, dass diese Personen selbst Opfer von Mobbingangriffen waren und deshalb das auch so auf andere auslassen, anstatt etwas daraus zu lernen. Ich hätte alles ändern können, aber ich habe mich in diese Opferrolle drängen lassen, anstatt selbst aktiv zu werden. Damals war ich noch nicht stark und selbstbewusst genug. Es gehörte wohl zu meinem Lernprozess.

Die Spitze des Eisberges erreichte ich damit, dass ich auch noch schwanger wurde. (Was eine meiner besten Entscheidungen in meinem Leben war und der Zeitpunkt nicht besser hätte sein können, es war quasi meine „Rettung".) Ab da viel meinen Kollegen sogar das Grüßen schwer. Leider breitete sich dieser Unmut mir gegenüber auch auf sämtliche andere Kollegen aus, was mir im Nachhinein einfach wieder nur bewies, wie schlimm dieser Gruppenzwang auch noch unter Erwachsenen ist. Und absolut niemand machte sich die Mühe mit mir das Gespräch zu suchen.

Wie ich die Schwangerschaft in der Arbeit überstanden habe? Kann ich dir sagen: Ich bin in eine Rolle geschlüpft. Ich trage normalerweise Kontaktlinsen und habe mich früher eigentlich auch nie großartig geschminkt. Aber zu dieser Zeit habe ich morgens meine Brille aufgesetzt, hab mir Make-up ins Gesicht geschmiert und bin nicht als Dani zur Arbeit gegangen, sondern mit breiter Brust als Daniela im Büro gesessen. Tag für Tag, weil ich wusste dass das Ende vorhersehbar ist. Ich habe einen gesunden Sohn zur Welt gebracht und sobald es möglich war gekündigt. Nichts und niemand hätte mich jemals wieder dorthin gebracht.

Ich bin interessanterweise keinem Unruhestifter mehr persönlich begegnet. Wir sehen uns bestimmt wieder, spätestens im nächsten Leben. Sollten sie das jetzt lesen bin ich mir sicher, sie wissen wer gemeint ist. Und ich möchte ihnen einfach nur DANKE sagen. Dafür, dass sie mir gezeigt haben, wie ich nie sein will. Dafür, dass ich heute weiß, was ich anderen Menschen niemals antun möchte. Ich bin ihnen dankbar, dass sie mir diese Schattenseite gezeigt haben, denn darum kann ich heute die Sonnenseite genießen. In dieser prägenden Phase meines Lebens ist auch das folgende Gedicht entstanden:

Menschen machen Menschen krank

Der Terror fängt im Kindergarten an,
schon früh zeigt sich, wer sich wehren kann.
Wird einem anfangs das Lieblingsspielzeug aus der
Hand gerissen,
später in der Schule wird er seine besten Stifte vermissen.
Lehrer und Eltern mischen sich ein, aber egal wie, sie
machen es nie richtig,
die einen lassen die Kinder im Stich, die anderen tun
ganz wichtig!
Früh bildet sich der Charakter eines Menschen,
die Welt steht noch offen, der Lernprozess kennt keine
Grenzen!
In der Kindheit werden erste negative Erfahrungen
gemacht,
es prägt eine junge Person, wird sie öfter mal ausgelacht.
Erste seelische Knicke können dadurch entstehen,
diese ziehen sich oft wie ein roter Faden durch das
ganze Leben.

Man kann sich nicht so gut kleiden oder ausdrücken

wie andere Jugendliche,

verbale und körperliche Attacken nehmen Eingriff in

die Psyche.

Diese Heranwachsenden leben immer mehr zurückge-

zogen,

das „Mir geht's gut" nach außen ist nur eine Floskel

und gelogen.

Schon junge Menschen neigen dazu, Probleme nicht

auszusprechen oder schön zu reden,

sie kennen es nicht anders, es wird so von Generation

zu Generation weitergegeben.

Vernachlässigungen und Belastungen in der eigenen

Familie werden nicht diskutiert,

„das bildest du dir ein" wird ein Versuch mit den

Eltern zu reden oft dementiert.

„Das gehört sich nicht" verwenden viele dann auch

gern,

dabei ließen sich negative Prägungen oft leicht vermei-

den, liegt die Lösung oft so nahe aber meistens doch

noch so fern.

So geht das Leben dahin und erste seelische Narben
machen sich breit,

oft sind erste Anzeichen einer psychischen Erkran-
kung nicht mehr weit.

Nun beginnt für viele der Einstieg in die Arbeitswelt,

auch hier ist oftmals das Motto „Auffallen und besser

sein als der andere, nur das zählt".

Der ruhige, in sich gekehrte aber motivierte Mitarbeiter scheint nichts wert,

so will dich der Chef: rücksichtslos, egoistisch, hinterlis-
tig und derb.

Die Erkenntnis alleine ist oft nicht genug,

zum „zurückschlagen" fehlt dieser Person meist der

Mut.

Kollegen die andere offensichtlich Schlechtreden und
über diese schimpfen,

auch dagegen ist noch kein Kraut gewachsen, und man

kann sich auch leider nicht dagegen impfen.

Nächte- und Tagelang hat sich die Person damit
gequält,

am schlimmsten die Erkenntnis, dass nicht einmal der

Chef zu ihr hält.

Jeder Morgen oder Abend vor der Arbeit wird zur

Qual und man hat Angst, in die Arbeit zu gehen,

könnte am liebsten den ganzen Tag weinen und fragt

sich „Was wird heute wieder geschehen?"

Jeder überlegt: „Wieso tun Menschen das anderen

Menschen an?"

Die Lösung: „Weil der Mensch nicht anders kann".

Was sind die Motive dieser Leute,

die andere quälen und krank machen heute?

Die bekanntesten Gründe: Neid, Eifersucht und

Missgunst,

von eigenen (psychischen) Problemen und „Nichts-

Können" abzulenken, darin besteht für sie die Kunst.

Eigentlich sind diese Leute die kranken Menschen

und man sollte Mitgefühl haben,

der erste Schritt wäre sich wehren anfangen und ihnen

etwas zu sagen:

Hol' dir Hilfe und lass' dich behandeln,

dann kannst auch du dich von einem kranken Men-

schen zu einem gesunden Menschen wandeln!

7. GEDULD

*Jedes Werden in der Natur, im Menschen, in der
Liebe muss abwarten, geduldig sein, bis seine Zeit zum
Blühen kommt.*

Dietrich Bonhoeffer

Geduld ist ein absolut großes Thema für mich.
Ich bin mein Leben lang etwas hinterher ge-
rannt, wovon ich nicht wusste was es ist. Ich
wollte alles haben und das sofort. Abwarten
kam für mich nicht in Frage, nein wozu, alles
Greifbare steht doch sofort für mich zur Ver-
fügung. Wenn ich was will, nehme ich es mir
einfach, egal, ob es vielleicht zu jemand ande-
rem gehört. (Personen, nicht Gegenstände die
man bezahlen muss.) Das war ein eher nicht
so schönes Kapitel in meinem Leben, aber
bleiben wir bei der Geduld.
Egal wo und wann im Leben, du wirst ständig
getestet.

An der Kassa im Supermarkt, das Kind morgens, wenn es in die Schule oder in den Kindergarten muss, das Paket, das die Post wieder nicht rechtzeitig zustellt und vieles mehr. Absolut jeder ist überall davon betroffen. Aber warum haben viele Menschen keine Geduld? Ich war schon oft kurz davor, den unfreundlichen, hektischen Typen im Geschäft, der eine zusätzliche Kassa fordert, weil drei Leute vor ihm dran sind, zu fragen: „He entschuldige? Kannst du nicht einfach ein paar Minuten warten? Wenn die Dame an der Kassa es für nötig hält, noch eine zu öffnen, wird sie es tun." Aber er erntet nur einen verständnislosen Blick von mir, da ich diese Hektik heute nicht mehr verstehen kann. Ich habe keine Eile mehr, weil ich mir sicher bin, dass es einen Grund gibt weshalb ich an der Kassa noch fünf Minuten länger stehen soll. Vielleicht treffe ich eine alte Bekannte oder mache eine neue Bekanntschaft oder mir fällt noch etwas ein, was ich vergessen habe. Ich hatte schon oft solche „AHA deshalb"- Erlebnisse. Solltest du so ein „bitte noch eine Kassa öffnen Rufer" sein, denke das nächste Mal daran, dass du vielleicht etwas verpasst, wenn du jetzt schneller vorankommst.

Habe Geduld, mach' dich frei von Druck,

nicht alles geht immer Ruck Zuck.

Manchmal ist es besser einfach abzuwarten,

vielleicht einfach mal ein bisschen später in die Arbeit

zu starten.

Du wirst trotzdem immer zur richtigen Zeit am richtigen Ort sein,

und du kommst auch wieder sicher und gelassen heim.

8. LEIDENSCHAFT

Durch die Leidenschaften lebt der Mensch, durch die
Vernunft existiert er bloß.

Nicolas Chamfort

Das nächste Thema, welches ich mit dir besprechen möchte, empfindet jeder ein wenig anders: Leidenschaft. Ich meine damit nicht die Leidenschaft, die zwei Menschen die sich lieben austauschen, ja, für die bin ich auch und die fällt mir dabei auch als erstes ein; ich meine das überdurchschnittliche Interesse an einer Beschäftigung oder an Dingen. Ich fange mal an mit einer Person, die eine Leidenschaft hegt, die mir bis vor kurzer Zeit nie bewusst war. Doch als ich sie bei ihrer Leidenschaft besuchte, wurde mir klar, dass das auch eine Art Liebe ist, die sie da empfindet. So wie ich mein Leben lang schon Fußball vergöttere, so verehrt meine Cousine ihre Pferde. Wenn sie

von ihnen spricht oder mit ihnen, sie pflegt
oder ihnen besorgt beim Essen zusieht, weil
das eine nicht alles verträgt, sieht man so ein
Glänzen in ihren Augen, wie wahrscheinlich
bei mir, wenn ich über Fußball rede oder
wenn ich nach einem Spiel noch mit dem vollen Adrenalinschub über das Spiel philoso-
phiere. Sie hat mich gebeten, ihr zwei Gedichte für ihre Pferde zu schreiben, und so wie
Menschen haben auch Tiere ihre Besonderhei-
ten.

Ramin:
Dein Name bedeutet: du bist fröhlich,
ich weiß, du bist immer da für mich.
Wenn ich dich ansehe in deiner vollen Pracht,
erkenne ich deine Seele und deine starke Macht.
Ich spüre klar, dass wir zusammen gehören,
eine Verbindung war sofort da, die kann niemals
etwas zerstören.
Du bist manchmal ganz schön stur,

auch dafür liebe ich dich, denn dahinter steht deine

sensible und ehrliche Art pur.

Puppe:

Meine zuckersüße Puppe bist du,

auch du hast mein Herz verzaubert im Nu.

Manchmal kommst du mir wie eine Prinzessin vor,

mit deinem besten Freund Ramin blickst du lieb hin-

ter dem Tor hervor.

Deine Schönheit ist einzigartig,

deine kleinen Zickereien machen mich manchmal

wahnsinnig.

Deine Willensstärke zeichnet dich aus,

du bist zäh, wir haben noch eine wunderbare Zeit vor

uns,

schön, dass du da bist, meine Maus.

Ja wie vorhin schon angedeutet meine Leidenschaft ist Fußball. Ich spiele seit ich ungefähr
sieben Jahre alt bin, und ich habe im Laufe der
Jahre auch viel erlebt dabei. Als ich zu Spielen
anfing, vor fünfundzwanzig Jahren, war ich

zwischenzeitlich jahrelang das einzige Mädchen unter den vielen Jungs. Bei jedem Spiel musste ich mit einem Fingerzeiger rechnen, mit dem Menschen erstaunt oder entsetzt ausdrücken wollten, dass da ein MÄDCHEN mitspielt. Viele denken sich jetzt, das ist doch auch schon Mobbing, aber nein, ich habe das damals nicht so empfunden. Ich liebte den Sport und mir war egal, was andere darüber denken. Leider „verlernt" man das im Laufe der Jahre.

Ich freue mich total, dass heutzutage Mädchen und Frauen die Anerkennung bekommen, die sie verdienen, und es heute schon als „normal" angesehen wird, wenn Mädchen und Jungs zusammen Fußball spielen.

Und unsere Frauen-Nationalmannschaft ist total erfolgreich und hat bei der Europameisterschaft aufhorchen lassen und viele für uns begeistern können.

Völlig egal wofür du dich interessierst, was dir Spaß macht, geh' raus, bewege deinen Popo und suche dir etwas, wofür du brennst, dann kannst auch du dieses Gefühl der Leidenschaft verbreiten und andere damit anstecken. Wenn du gut drauf bist und dich gut fühlst, kannst du die Menschen rund um dich mitziehen und damit die Welt ein bisschen positiver werden lassen.

Fußball ist eine Leidenschaft,
die manchmal ganz schöne Leiden schafft.
Für alle, die es noch nicht mitbekommen haben,
ja auch Frauen können Fußballschuhe tragen.
Im Fußball sind Teamgeist, Disziplin und Bewegung vereint,
nach dem Spiel wird zusammen gelacht, gefeiert oder geweint.
Einmal gefangen lässt dich diese Liebe zum Fußball nie mehr los,
sie fesselt dich von klein bis groß.
Spaß und frische Luft,
meinen Fußball nehme ich mal mit in meine Gruft.

9. GELD

Die besten Dinge im Leben sind nicht die, die man für
Geld bekommt.

Albert Einstein

Geld – wichtig auch darüber zu sprechen. Viele haben es, alle wollen es, am besten so viel wie möglich, aber ja nicht zu viel ausgeben davon, weil wer weiß was in zwanzig Jahren in der Pension (Rente) dann alles passiert, da will ich dann ja leben und reisen. Ernsthaft? Ja, verstehe ich total, ich war auch mal der Meinung. Bis ich angefangen habe im JETZT zu leben und mein Geld JETZT für Sachen auszugeben, die ich haben will, die mir Freude machen. Ich liebe es, mit meinen Freundinnen essen zu gehen. Ich liebe es, mir schöne Dinge und Bücher zu kaufen oder ins Kino zu gehen, weil ich lebe im Hier und Jetzt. Ich will nicht daran denken, was in zwanzig Jahren eventuell sein könnte. Wer weiß, vielleicht lebe ich gar nicht so lange oder kann nicht mehr so leben wie ich möchte, und dann habe ich mir alle schönen Erlebnisse und Momente nicht gegönnt, obwohl ich es mir leisten hätte können, aber ich lieber an eine Zukunft gedacht habe, die vielleicht gar nicht eintreffen wird? Also nein, ich lebe jetzt und wenn ich sterbe will ich einen Lebensfilm sehen, wo ich mir anschaue, wie viel Spaß ich in meinem Leben hatte, und wie sehr sich die Menschen um mich herum freuten, weil ich mit ihnen mein Geld geteilt habe. Mir ist natürlich bewusst, dass man eine gewisse Sicherheit haben sollte, vor allem mit Kind, aber was ich damit sagen möchte: Lebe jetzt, gönne dir jetzt was du haben willst, verwende jetzt das schöne Porzellanservice mit goldenem Rand, das du von deiner Oma geerbt hast und genieße es, damit Montag früh eine Eierspeis' zu essen. Behalte nichts für den richtigen Moment auf, du wirst keinen besseren Zeitpunkt finden als „jetzt".

Ich habe mal für Paul ein teures, schönes Paar Schuhe gekauft und wollte sie für besondere Anlässe behalten. Sie im Kasten aufzubewahren war wohl ein Fehler, denn als ich bemerkt habe, dass wir diese schönen Schuhe besitzen, haben sie nicht mehr gepasst und das ohne sie ihm ein einziges Mal angezogen zu haben. Ich habe wieder ein schönes Paar gekauft und ich ziehe sie wieder zu besonderen Anlässen an: Jedes Mal wenn wir Oma und Opa oder andere liebe Menschen besuchen fahren. Denn Personen um dich zu haben, die sich freuen, wenn sie dich sehen, das sind besondere Gelegenheiten. Du musst nur deine Definition von besonderen Anlässen anpassen und nicht vergessen, dass du schöne Schuhe dafür hast.

Wann hast du mal einer Freundin oder einem Freund einfach so ein Geschenk gemacht oder Blumen mitgebracht? Ich mache das jetzt manchmal einfach, weil sie nicht damit rechnen und ich es gerne sehe, wenn Menschen sich über ein unerwartetes Geschenk freuen. Alles, was du mit Freude machst oder gibst, kommt irgendwann zu dir zurück – natürlich aber auch all' die bösen Absichten und Worte. Das nennt sich das karmische Gesetz. Darüber werde ich dir im nächsten Kapitel genaueres erzählen, das ist total spannend, freue dich darauf.

Ich möchte dir noch von einem Mann erzählen, den ich an einem wunderschönen Badetag kennengelernt habe. Dreißig Grad, Sonnenschein, da zieht es mich zu dem See in meiner Nähe, wo ich immer wieder viele neue Bekanntschaften mache, die mich in irgendeiner Weise beeindrucken oder zum Nachdenken anregen.

Ich bin ein Fan von Freikörperkultur und es ist anfangs manchmal ein bisschen unangenehm, wenn dich fremde Männer ansprechen. Aber mit der Zeit gewöhnst du dich daran, dass alle nackt sind. Ich finde, dass Menschen, die dorthin gehen, total nett und offenherzig sind. Ich würde fast sagen, dass es eine eigene Lebensphilosophie beinhaltet, sich so freizügig zu präsentieren. Aber ich liebe es, wenn kein nasser Bikini am Körper klebt und ich den Windhauch oder die Wärme auf meinem gesamten Körper wahrnehmen kann.

Jedenfalls traf ich dort einen älteren Herrn, er war einundsechzig Jahre alt, seinen Kopf zierte leicht schütteres Haar in weiß gehalten und sein Gesicht umrahmte ein Vollbart. Er hatte ein anständiges Bäuchlein, das allerdings schon kleiner geworden war wie ich später erfuhr, doch so in seinem ganzen Wesen erinnerte er mich irgendwie an Puuh den Bären.

Ich spürte seine Blicke immer wieder und wusste, dass er mich beobachtete aber nicht unangenehm, sondern eher überlegend, wie wir ins Gespräch kommen könnten. Er hat mich dann beim Essen erwischt, fischte aus seiner Zeitschrift einen Artikel raus, wo es um

Rindfleisch ging. Wir kamen in ein Gespräch, das plötzlich von Steak Medium zu Glauben und Leben umschwenkte.

Daraufhin spazierten wir eine Runde um den See (angezogen) und er erzählte mir viele Geschichten, bei denen ich gerne zuhörte. Ich habe bemerkt, dass er ziemlich einsam ist und nicht viele Menschen um sich hat, die Zeit mit ihm verbringen. Das gab er dann auch offen zu, und bei einem seiner unzähligen Monologe wurde ich besonders hellhörig. Er erzählte mir, warum er jetzt alleine und einsam durchs Leben geht:

Er hat sein Leben lang nur gearbeitet, wollte immer mehr Ruhm, immer mehr Ansehen, hat sich immer mehr Wissen angeeignet um immer mehr Geld verdienen zu können. Das gelang ihm auch, beruflich war er am Höhepunkt angelangt. Er besaß viel Geld, machte teure Reisen, kaufte sich ein wertvolles Auto. Aber jetzt ist er in Pension (Rente) und was hat er jetzt davon? Nichts! Keine Familie, die ihn stützt, keine Freunde zum Plaudern, er ist allein. Ich habe ihn dann gefragt: „Wenn du die Zeit zurückdrehen könntest, würdest du etwas anders machen?" Er sagte: „Nicht wirklich, mein Weg war der berufliche Erfolg, den hatte ich, aber wie alles im Leben gibt es auch Schattenseiten und die bekomme ich halt jetzt zu spüren. Doch ich würde auf jeden Fall mehr auf soziale Kontakte achten."

Seine Geschichten haben mich sehr berührt, vor allem weil ich mir Tage zuvor überlegt habe wie es wäre, großen beruflichen Erfolg zu haben.

Das war ein wunderschöner, tiefgründiger, emotionaler Spaziergang. Vielleicht solltest du dich das nächste Mal öffnen und auf Menschen einlassen, die auf dich zukommen, denn oft haben sie dir was Wichtiges mitzuteilen, oder eine Antwort auf deine Frage. Du musst nur genau zuhören!

Geld regiert die Welt,

egal ob es dir gefällt.

Hast du nicht genug bist du nichts wert,

hast du viel wirst du verehrt.

Stell' dir vor alles Geld was wir haben wäre Liebe,

gäbe es dann noch viel Streit oder Kriege?

Jeder hätte immer genug und könnte alles geben,

was wäre das für ein Traum, ein einfaches normales

Leben.

Kein Drang immer mehr zu wollen und immer besser

zu sein,

alle wären gleich, alle wären vereint.

Was hast du von dem vielen Geld, wenn du es nicht

teilen kannst,

wenn du dein Leben lang nur Ruhm und Arbeit

pflanzt.

Bist du alt, dann hättest du Zeit um zu genießen,

doch dann bist du allein, weil du vergessen hast, das

Pflänzchen der Liebe zu gießen.

10. KARMA

In diesem Kapitel möchte ich euch kurz erklären, was es mit diesem Karma auf sich hat, von dem viele sprechen, aber nicht so richtig wissen, worum es dabei geht. Karma bedeutet „Tat" oder „Wirkung", das heißt, durch alles, was du denkst, sprichst oder tust, entsteht gutes oder schlechtes Karma. Das Gleiche, was du anderen zumutest und zugestehst, kommt auf dich zurück. Das schlechte Karma trifft dich oft erst im nächsten Leben, dafür hast du in diesem Leben das aus deinen vorherigen Leben aufzuarbeiten. Es klingt zwar total gemein und unfair und viele wollen das bestimmt nicht glauben, aber Erbkrankheiten oder Eingeschränktheiten die von Geburt an da sind, entstanden wahrscheinlich wegen schlechtem Karma in einem vorherigen Leben.

Aber jetzt das Positive: Gutes Karma, das du in diesem Leben sammelst, kommt gleich zu dir zurück. Du kannst schlechtes Karma durch gutes „auflösen". Solltest du dich jetzt entschlossen haben positiver zu denken, zu sprechen und zu handeln, muss dir aber auch eines bewusst sein: Es muss ernst gemeint sein und deine Absicht dahinter darf nicht sein, ich muss jetzt gutes Karma sammeln, um davon zu profitieren. Sondern du musst dazu stehen, dies auch zu wollen und zu fühlen. Entscheidend, für das gute oder schlechte Karma, ist immer die Absicht dahinter.

Ich glaube ja, dass auch schlechtes Karma manchmal sofort bestraft wird. Ich habe da eine super Geschichte für dich. Es war Samstagabend, eher Nacht, muss schon so Mitternacht gewesen sein, und ich hatte eine nette Unterhaltung mit einem jungen Mann, Student, Mitte zwanzig, kurzes blondes Haar, kräftige Statur. Absolut gar nicht mein Typ, aber ich wollte ein bisschen Spaß und es hat gepasst. Doch er wurde immer unlustiger und als er dann noch meinte „Fußball ist nichts für Frauen, das schaut blöd aus wie die spielen", habe ich ihn auf etwas unliebsame Weise gebeten, er solle sich aus dem Staub machen, ich will mich nicht mehr weiter mit ihm unterhalten.

Eine Stunde später passierte mir das gleiche nur umgekehrt. Der nette Mann, dunkelhaarig, Mitte dreißig, sportlich gebaut, also schon eher mein Typ, mit dem ich mich unterhalten habe, hat mir den Laufpass gegeben, nachdem ich meinte „Motorsport interessiert mich nicht; wenn die da immer im Kreis fahren ist das langweilig." Also ich hätte das unter schlechtes Karma kategorisiert und es war echt verdient.

Achte einmal bewusst auf alles was du sagst, denkst oder tust.

Wie viel Gutes ist da dabei? Bedenke dabei immer: Alles Gute kommt zu dir zurück!

11. INTUITION

*Man sieht nur mit dem Herzen gut, das Wesentliche
ist für die Augen unsichtbar.*

Antoine de Saint-Exupéry

Ich möchte dir etwas über Intuition, das heißt über Bauchgefühl, erzählen. Jeder hat es, aber viele wenden es nicht an, obwohl es eine absolute Bereicherung für unser Leben ist. Jede Entscheidung, jeder Mensch, den du noch nicht kennst, dein Bauch sagt dir ob es für dich passt oder nicht. Deine Intuition hilft dir, deinen Weg zu finden, und bringt dich auf deinem Weg weiter. Ich möchte dir dazu ein paar Beispiele nennen, warum ich es so liebe, auf meine Intuition zu hören, die mir oft im ersten Moment nicht logisch erscheint, mir im Nachhinein aber sofort klar ist, warum ich so gehandelt habe.

Ich spazierte mit meinem Sohn im Ort zum Einkaufen. Wir nehmen eigentlich immer den gleichen Weg doch Paul meinte, dass wir heute einen Umweg gehen sollen, weil da gibt es, seiner Meinung nach, schöne Steine. Gut, das Argument meines Sohnes konnte ich nicht abschlagen, da auch mein Bauch meinte, das wäre eine gute Idee. Zur Erklärung: Ich habe morgens um ein Zeichen gebeten, ob ich auf dem richtigen Weg bin, wenn ich jetzt anfange, ein Buch zu schreiben. Plötzlich bleibt Paul vor der Auslage eines Geschäftes stehen, weil dort ein wunderschöner Stein liegt, so einen hat er nämlich noch nicht. (Das sagt er immer, Paul liebt Steine und in unserer Wohnung liegen ungefähr fünfzig Steine herum, aber nur weil ich regelmäßig wieder welche entferne, sonst hätten wir uns schon Steinmauern bauen können.)

Wir heben den Stein auf und siehe da: Das Geschäft ist eine Verlagsvertretung, die neue Bücher für einen Verlag vorstellt. Danke für die Bestätigung, jetzt wusste ich, warum wir diesen Weg eingeschlagen haben.

Ein anderes Beispiel, das mich total berührt hat: Ich ging laufen und es war nicht so mein Tag. Einer von den Tagen, an denen ich zweifle, ob ich alles richtig mache und an denen ich mich nach jemanden an meiner Seite sehne, mit dem ich einfach Gedanken und Gefühle teilen kann. Während des Laufens beschloss ich plötzlich, einen anderen Weg zu nehmen, wo ich normalerweise niemals entlang komme. Dann sah ich wieso: Zwei alte Menschen mit Rollatoren, der Herr saß am Boden und die Frau versuchte verzweifelt ihm aufzuhelfen. Ich lief hin und hob den alten Mann hoch, damit er sich wieder an seiner Bewegungshilfe festhalten konnte. Der Frau war es total unangenehm und peinlich, dass sie ihrem Mann nicht helfen konnte und der Mann hat meine Hand genommen und sie geküsst und sich ungefähr hundert Mal bedankt, dass ich zu Hilfe gekommen war. Ich habe ihm noch ein wenig stehen geholfen, bis die Frau ihren Rollator geholt hatte und ihm behilflich sein konnte. Derweil hielt er meine Hand, schmiegte sein Gesicht darin und schaute mich an und sagte mir, dass ich ein wundervoller Mensch bin, ein Engel und dass man im Leben alles zurück bekommt und dass Gott mich segnen solle.

Ich war so berührt von seinen Worten und von der Situation, dass plötzlich alle Sorgen und alle schlechte Laune wie weggeblasen waren. Das war für mich ein total emotionaler Moment und am Ende des Tages war es genau dieser Moment, der meinen Tag zu einem wunderschönen gemacht hat.

Entscheidungen zu treffen gehört zum Leben,
es gibt auch keinen Regenbogen ohne Sonne und Regen.
Entscheidend ist, wie du damit umgehst,
ob du sie schnell triffst oder lieber ohne eine zu fällen weitergehst.

Den ersten Gedanken, das erste Gefühl solltest du

nehmen,

ist es auch verbunden mit Problemen.

Das war dein Herz, das zu dir spricht,

eine bessere Entscheidungshilfe gibt es nicht.

Scheint das Ergebnis auch erstmal nicht klar oder gut,

es ist der beste Weg für dich, du brauchst nur Mut.

12. MUT

Was wäre das Leben, hätten wir nicht den Mut, etwas zu riskieren.

Vincent van Gogh

Da wären wir auch schon bei unserem nächsten Punkt, den ich zusammen mit dir, lieber Leser, beleuchten möchte: Mut zur Veränderung. Irgendwann kommen viele Menschen an einen Punkt in ihrem Leben, an dem sie sich folgende Fragen stellen: Warum bin ich hier? Was will ich? Ist das schon alles? Will ich auch in zehn oder zwanzig Jahren noch so leben? Was möchte ich noch erreichen? Ich fing an mir diese Fragen zu stellen und habe bemerkt, dass ich nicht der Mensch bin, der ich sein möchte, und ich spürte, dass jetzt eine Welle an Veränderungen auf mich zukommen wird, doch ich wusste nicht in welchem Ausmaß.

Meine langjährige Beziehung zu beenden hinterließ Spuren. Heute weiß ich, dass es eine der wichtigsten, aber auch richtigsten Veränderungen in meinem Leben war, weil es mich zu dem Menschen machte, der ich jetzt bin, der ich sein will, den ich annehmen und lieben kann.

Ein Jahr später, als ich mich eingelebt und an mein neues Leben gewöhnt hatte, stand die nächste Veränderung an: Kündigung meiner Arbeit. Ich habe meine Arbeit geliebt, vieles wofür ich verantwortlich war, hätte ich auch ohne Geld dafür zu bekommen gemacht. (Buchhaltung möchte ich nicht mehr führen, da gibt es zu wenig Spielraum für Kreativität.) Doch plötzlich wurde einiges geändert, ich fühlte mich nicht mehr wohl und habe nach und nach bemerkt, dass es Zeit ist, auch bei mir etwas zu ändern. Ich hatte keine Lust mehr arbeiten zu gehen, freute mich nur mehr auf das Wochenende und auch die Stimmung war nicht mehr einladend. Ich fühlte mich auch nicht wertgeschätzt genug, vieles wurde als selbstverständlich angesehen und es war für mich keine gute Basis mehr da für eine Zusammenarbeit. Also blieb mir nur die Konsequenz zu kündigen. Verstand und Bauch lieferten sich ein Duell, das mich nächtelang wach hielt. Der Kopf meinte: „Bist du irre? Wieso willst du kündigen? Perfekter Arbeitsweg, richtig guter Verdienst, flexible Arbeitszeiten, wieso willst du das aufgeben? Du hast doch alles?" Doch dann meldete sich das Herz, die innere Stimme, die ziemlich laut und deutlich zu sprechen begann: „Liebe Daniela, lass' das alles hinter dir, du willst das alles ja, aber das ist nicht das, was du brauchst. Es gibt noch mehr, etwas das dich erfüllt, vertraue mir, du wirst den Grund erkennen und es wird dein Leben wieder einen neuen Sinn geben!"

Lange habe ich an dieser Entscheidung geknabbert, weil es wieder eine große Veränderung bedeutete, aber wieder hatte ich den Mut, mein gewohntes Terrain zu verlassen, meine

Zelte abzubauen und mich in unbekanntes Land zu stürzen.

Es stellte sich nach und nach heraus, dass auch diese Entscheidung eine der Besten für meinen Weg war. Ohne die Kündigung hätte ich mein Buch nicht geschrieben und erkannt was mich erfüllt. Das will ich, dafür bin ich hier, ich habe dieses wunderbare Talent erhalten, schöne Worte und Phrasen zu bilden, um Menschen damit zu berühren oder sie zu unterhalten. Diesen Weg gehe ich ab jetzt und ich werde nicht aufhören, für diesen Traum zu leben.

Es müssen ja nicht immer gleich solche einschneidenden Veränderungen sein. Fange mal an, etwas Kleines an dir zu ändern. Wenn du immer wieder dir selber kleine Veränderungen zumutest, dann fallen dir diese irgendwann ganz leicht und du kannst mit anderen Situationen viel besser umgehen und gewöhnst dich schneller an neue Umstände.

Ich habe so eine Situation jede Woche, wenn ich als ehrenamtliche Mitarbeiterin ins Seniorenheim fahre. Ich weiß nie was mich erwartet, wofür ich eingeteilt werde oder mit welchen Menschen ich dieses Mal zu tun habe. Viele Bewohner dort leiden an Demenz und ich wurde auch schon als blöd beschimpft, weil ich einer Dame mitteilte, dass sie in einem Seniorenheim wohnt. Sie meinte, ich wäre blöd, das zu sagen, wieso sollte sie in einem Heim wohnen. Aber dann gibt es auch schöne Momente, wenn Menschen sich freuen dich zu sehen und sich bedanken, dass du da bist und dich mit ihnen unterhältst.

Ich gebe es ehrlich zu: Jedes Mal kostet es mich Mut und Überwindung hinzugehen, weil es eigentlich immer was Neues oder Anderes gibt. Doch wenn ich danach nach Hause fahre, nehme ich so viele wertvolle Momente und neue Gedanken für mich und mein Leben mit, dass ich froh und dankbar bin, dort gewesen zu sein und den Menschen ein bisschen Zeit geschenkt zu haben; denn die kostet nichts, ist aber unbezahlbar.

Hör' auf dein Herz und mache dich auf den Weg,
für eine Veränderung ist es nie zu spät.

Egal was andere dazu sagen oder darüber denken,
nur du allein kannst dir ein glückliches Dasein schenken.

Lass' die Vergangenheit los und versuche dir zu vergeben,
hör' auf zu zweifeln und beginne zu leben.

13. HOFFNUNG

Wer nichts waget, der darf nichts hoffen.

Friedrich Schiller

Jeder Mensch hofft auf etwas: Ziele zu erreichen, gesund zu bleiben, einen Anruf einer
ganz bestimmten Person. Hoffnung trägt jeder
in sich, sie ist eine treibende Kraft, die uns am
Leben hält, ja, träumen lässt.

Kennst du das Gefühl, dass du alles, was du
hast oder bist oder sein willst, an eine Person
oder eine Situation hängst und du spürst, dass
das jetzt der letzte Funken Hoffnung, dein
letzter Versuch ist, und wenn der nicht klappt
dann platzt dein Traum?

In meinem Fall stand ich alleine im Regen in
der Hoffnung, er dreht sich doch noch um
und sagt mir, dass er mich liebt und ohne
mich nicht mehr sein kann. Aber er ging einfach weg…

Tanzt du noch für mich auch wenn die Musik er-

lischt?

Sieh mich an, sag' es mir ins Gesicht,

liebst du mich oder nicht?

Gehst du durchs Feuer für mich, oder willst du nur

Spaß?

Kämpfst du für mich, wenn ich dich jetzt verlass'?

Wieso kannst du mir nicht all' die schönen Sachen

sagen, die ich hören will,

war das alles für dich nur ein Spiel?

Du starrst mich nur an, dein Blick eiskalt,

ich wollte mit dir schweben, was erleben,

doch bei dir fehlt mir der Halt.

Kein „Zeit heilt alle Wunden",

bald bin ich weg, aus deinem Leben verschwunden.

Ein letzter Versuch, ich ergreife deine Hand,

ich treibe am Meer auf der Suche nach Land.

Ich will weiter schwimmen, doch mir fehlt die Kraft,

ich hör' auf und geh' unter, ich weiß, mit dir hätte ich

es geschafft.

14. SEHNSUCHT

Du kannst deine Augen schließen, wenn du etwas nicht sehen willst, aber du kannst nicht dein Herz verschließen, wenn du etwas nicht fühlen willst.

Johnny Depp

Ich spreche jetzt über die Sehnsucht. Dieses furchtbare Gefühl, sich nach etwas oder jemandem zu verzehren, es oder ihn nicht sehen und berühren zu können, aber den Gedanken von den schönen gemeinsamen Momenten nicht loszubekommen, obwohl man es sollte. Kennst du das? Bestimmt, denn jeder hat sich im Leben mindestens einmal in einer solchen verzwickten Situation befunden. Ich rede im Moment nicht von der Sehnsucht die man fühlt, wenn man glücklich verliebt ist und man weiß, dass man demjenigen jederzeit schreiben, ihn sehen oder ihn anrufen kann und ihm sagen kann, dass man ihn liebt und vermisst.

Ich rede eher von der traurigen Sehnsucht, wenn man neben jemandem „herlebt" und er aber nicht das Gleiche empfindet als man selbst. Wenn er nicht ständig an dich denken muss und sich keine gemeinsame Zukunft ausmalt.

Dieses Gefühl kann dich wahnsinnig machen und auch wenn du ihn aus deinem Leben verbannst, weil du weißt, dass du neben ihm untergehst, lässt er dich einfach nicht los und spaziert schonungslos in deinem Kopf herum. Von dieser Sehnsucht spreche ich jetzt und sie schwächt dich, aber wie heißt es so schön: *Zeit heilt alle Wunden* oder *Für alles, was zusammengehört, wird das Universum einen Weg finden...*

Ich sah dich vor mir stehen, du hast mich angelacht,
das allein hat mich um den Verstand gebracht.
Du wusstest, ich will dich so sehr,
du lächelst nur, denn in deinem Leben ist kein Platz
für „mehr".
Doch ich will dich erleben und verführen,

deinen Körper an meinem spüren.

Ich will dich halten und berühren.

Du schreibst mir und rufst mich an,

ich weiß nicht, wie lange ich noch warten kann.

Wie du sprichst und wie du dich bewegst,

kein Wunder, dass du mir nicht mehr aus dem Kopf

gehst.

Du bist alles, alles was ich will,

denn nur mit dir steht die Zeit still.

Spür' noch immer deinen Atem auf meiner Haut,

in dieser Nacht waren wir uns so vertraut.

Hauchst mir sanft schöne Worte ins Ohr,

bis ich mich, ohne es zu wollen, in deinen Armen ver-

lor.

Doch es führt kein Weg zurück,

du hast mich nicht gehalten und ich bin nicht geblie-

ben,

gibt es doch einen Weg für uns ins Glück,

denn ich werde dich noch lange lieben.

15. EIFERSUCHT

Eifersucht ist eine unnötige Besorgnis um etwas, dass man nur verlieren kann, wenn es sich ohnehin nicht lohnt, es zu halten.

Ambrose Bierce

Ich war immer ein eifersüchtiger Mensch. Nicht nur in meiner Partnerschaft hatte ich Angst, dass mein Partner fremdgeht, und war deswegen auf andere Frauen eifersüchtig. Ich war auch eifersüchtig, weil andere gewisse Dinge hatten, die ich auch wollte. Sei es ein schöneres Auto, einen super Job, einen aufmerksameren Partner, diese Liste ließe sich auch sehr lange fortführen. Ich kenne dieses Gefühl heute nicht mehr und dafür gibt es mehrere Gründe.

Zum einen konzentriere ich mich auf das, was ich habe, und bin dankbar dafür, weil vieles nicht selbstverständlich ist und viele Menschen nicht einmal annähernd so ein Luxusleben führen können, wie ich es habe. Mit Luxusleben meine ich nicht nur, materielle Dinge zu besitzen. Ich empfinde es schon als Luxus mir eine Wohnung leisten zu können, mich tagtäglich mit warmen Wasser waschen zu können und zwar immer wenn ich es möchte, essen und trinken zu können was mir schmeckt, mich alleine anziehen zu können, laufen zu können und vieles mehr, was einem selbstverständlich scheint. Leider vergessen wir sehr oft, was für tolle Schätze wir besitzen, weil der Mensch darauf konditioniert wird, immer mehr zu wollen. Ich mache mir jeden Tag vor dem Schlafengehen diese Dankes-Liste und es ist erstaunlich, wie sehr sich diese Liste von materiellen, auf emotionale Wertschätze gewandelt hat.

Der zweite Grund weshalb meine Eifersucht schwindet ist, weil ich weiß, dass jeder Mensch Schöpfer seines eigenen Lebens ist. Wenn ich mir wünsche, wie ich sein will oder was ich gerne haben möchte, dann muss ich an mir arbeiten, um es zu bekommen oder um so zu werden. Daher gönne ich jedem so zu sein wie er ist und das zu haben was er möchte, weil ich es auch so haben kann, wenn ich will. Nur weil es nach Außen so aussieht, als wäre es für andere klasse, heißt es ja nicht, dass es für mich passt.

Ich ging mit meiner Freundin essen und wir diskutierten darüber, wie mein Traummann aussehen soll. Ich dachte mir immer, er soll einen tollen, trainierten, muskulösen Body haben, so richtig zum zupacken, er soll mich auf Händen tragen können. Dann klatschte sie mir folgenden Satz hin: „Was hast du von einem Muskelmann, wenn er dann von sieben Tagen in der Woche, sechs im Fitnessstudio verbringt und dein Essen nicht schätzt, weil es viele Kalorien und viel Fett hat?" Okay sie hatte Recht, das waren gute Argumente, denn eigentlich lege ich mehr Wert darauf, dass er die Zeit mit mir verbringt und mich verbal auf Händen trägt. Außerdem gefällt es mir nicht, wenn er dann auf dem Teller herumstochert und ich nicht für ihn kochen kann. Ich bin auch ein sportlicher Mensch, aber das wäre dann für mich und meinen Lebensstil zu extrem. Das wird für viele Frauen so passen und das ist auch gut so, aber ich für mich habe meine Denk- und Sichtweise dazu geändert. Wie gesagt: Es gibt immer Licht- und Schattenseite, man muss manchmal einfach nur den Blickwinkel verändern.

Ob ich in einer Beziehung nach wie vor eifersüchtig bin kann ich noch nicht sagen, da ich im Moment keine führe, aber ich glaube, auch da hat sich einiges geändert. Ich weiß jetzt nämlich, dass ich ein wertvoller Mensch bin, der es verdient geliebt, verehrt, beachtet und respektiert zu werden und wenn mein zukünftiger Partner glaubt, er kann mir das nicht mehr geben und er findet jemanden, der besser für ihn geeignet ist, um seine Lebensaufgaben zu lösen, dann mache ich den Weg frei.

Ich weiß, dass dann auch für mich jemand Neues bereit steht.

Also wenn du ein eifersüchtiger Mensch bist, arbeite an dir und an deinem Selbstwertgefühl, versuche dich wohl und glücklich zu fühlen. Wenn du weißt, was du wert bist, brauchst du auch nicht eifersüchtig zu sein.

Auf deinem Weg des Lebens wirst du vielen Blumen begegnen,
doch nur eine wird dir die richtige Richtung ebnen.
Eine strahlt schöner als die andere,
als ob deswegen jeder gleich zur nächsten wandere.
Die eine ist es wert gepflückt zu werden,
und keine andere kann dein Glück gefährden.
Lass' ihn ruhig die anderen Blumen betrachten,
und strahle du am hellsten, so wird er nur dich beachten.

16. SELBSTBESTIMMUNG

Die Freiheit des Menschen liegt nicht darin, dass er tun kann, was er will, sondern, dass er nicht tun muss, was er nicht will.

Jean-Jacques Rousseau

Auf meinem Weg zur Selbstfindung habe ich mich mit dem Thema selbstbestimmt leben auseinandergesetzt. Ich war seit meinem sechzehnten Lebensjahr immer wieder in Beziehungen „gefangen" und habe mich permanent der Fremdbestimmung unterworfen. Ich lebte für meine Partner, übernahm ihre Meinungen (ich wollte sie ja nicht verärgern) und alles, was ich gesagt oder getan habe, war nur, um ihre Bedürfnisse zu befriedigen und um sie zufrieden zu stellen.

Ich gab mich völlig auf, verzichtete irgendwann auf Hobbies oder Freunde und im Laufe der Zeit, stand ich dann alleine da und bemerkte erst, als ich meine letzte Beziehung beendete, wie einsam mich diese Art zu leben machte. Ich suchte immer Anerkennung und Aufmerksamkeit bei meinen Partnern anstatt mir diese selber zu geben und einfach mal alleine etwas zu unternehmen, Dinge zu tun, die ICH will. Das gleiche passiert auch oft innerhalb der Familie. Wie oft lässt du dich zu einem Familientreffen überreden, obwohl du eigentlich absolut keine Lust hat? Weil, es ist ja die Familie, da kannst du ja nicht. Doch du kannst! Du kannst alles das machen, was du willst und du MUSST nichts tun was du nicht willst. Tue nur das, was dir Freude macht, wobei du ein gutes Gefühl dabei hast. Es ist nämlich dein Leben und wenn dieses zu Ende geht, musst du dir deinen Lebensfilm ansehen und ich glaube nicht, dass du dir das hundertste Familientreffen mit Tante Erna und Onkel Hubert ansehen willst, wo du wieder diesen ekelhaften Kuchen höflichkeitshalber isst, weil sonst die Mama beleidigt wäre. Wie schaut das aus vor der Tante Erna, wenn du den Kuchen jetzt nicht annimmst und nicht so tust als wäre er total lecker? Ja und erst die Tante Erika, die wird dann wieder schimpfen über dich, wie schlecht du erzogen bist, dass du nicht einmal ein Stück Kuchen annimmst.

Nein, ich habe solche Situationen, bei denen ich von vorne herein weiß, dass sie mir nicht gut tun, abgeschafft. Ich nehme mir das Recht heraus, SELBST zu entscheiden ob ich etwas möchte oder nicht. Egal ob jemand beleidigt ist oder das nicht versteht. Mein Leben, meine Entscheidungen, meine Konsequenzen. Viele werden sagen du bist egoistisch, aber aus ihnen spricht meist nur die Enttäuschung darüber, dass du dich nicht mehr so beeinflussen lässt. Gesunder Egoismus, finde ich, gehört einfach zum selbstbestimmt leben dazu. Ich will einen Lebensfilm sehen, bei dem ich das Gefühl von Liebe, Spaß, Freude, Sex und Freiheit genießen kann und viele andere wunderschöne Momente.

Überall werden wir von unserem Umfeld beeinflusst. Es muss nicht immer die Familie sein, nein, auch Fernsehen, Radio oder Zeitungen tragen einen großen Anteil dazu bei, wie wir uns fühlen und was wir denken. Ich lese keine Zeitung mehr, weil diese hauptsächlich aus negativen Schlagzeilen besteht. Überfall hier, Ermordung dort - alles beeinflusst unser Denken und ich möchte meine Gedanken frei und „rein" behalten für alles Positive und Schöne, das uns unser Leben schenkt. Wir müssen nur aufmerksam und bewusst genug leben. Meinen Fernseher habe ich eigentlich auch nur, damit mein Sohn manchmal seine Lieblingssendungen ansehen kann. Ich selbst verschwende meine Zeit nicht mehr damit. Außer es läuft Fußball, da gibt's keinen Kompromiss, da wird eingeschalten.

Ich arbeite weiter an meinen Träumen und Ideen oder lese ein Buch. Jeder wie er möchte, aber achte einfach mal öfter darauf, was du dir im Fernsehen reinziehst, denn auch wenn es nur nebenbei läuft, nimmst du alles unbewusst in dir auf. Da ist oft nicht sehr wertvolles Wissen für dich dabei, das für dich weder von Bedeutung noch von Nutzen sein kann. Wenn es dir allerdings Spaß macht und für dich die Erfüllung ist abends fernzusehen, dann mache das. Jeder kann für sich frei und selbst entscheiden, was er mit seiner Zeit anfängt, was er denkt, was er fühlt. Das ist dann SELBSTBESTIMMT leben.

Lebe unabhängig und frei,

achte auf dich nicht nur nebenbei.

Kontrolliere deine Gedanken, sie haben Macht,

denke positiv beim Einschlafen, so können sie wirken

über Nacht.

Finde deinen Weg und lass' dich von anderen nicht

beirren,

so passiert es schnell, so kannst du dein Ziel aus den

Augen verlieren.

Plötzlich sind seine Träume deine Träume,

und auf deinem Weg liegen Steine und ein Wald mit

Bäumen.

Du verlierst dein Ziel aus den Augen, weil nur ER

zählt,

Du hast die falsche Abzweigung gewählt.

Mach' es dir bewusst, deine Träume kannst du leben,

verfolgst du für andere Ziele, steht dein Glück meist

nur daneben.

17. SEX

Nichts ist trauriger als eine Frau, die sich aus anderen Gründen auszieht, als für die Liebe.

Juliette Gréco

Sex ist ein total wichtiges Thema für mich und bestimmt auch für dich. Doch irgendwie macht es jeder und keiner möchte so richtig darüber reden. Viele schämen sich dafür oder reden ungern darüber, fühlen sich unwohl dabei, über das Liebe machen zu sprechen. Dabei gehört es doch zum Leben und man braucht nicht immer einen Partner dazu. Geht auch selbst gut, sich dieses schöne Gefühl des Glücks zu schenken, das ist ja gleich noch schlimmer, darüber zu reden. Mich beschäftigt oft die Frage: Warum ist es so schwer in einer längeren Beziehung den Sex aufregend und wild zu erhalten? Was kann man tun, um diese Leidenschaft, die man am Anfang einer Beziehung hat, wo man es am liebsten immer und überall tun könnte, auch im Laufe der Jahre noch zu empfinden? Es gibt bestimmt genug Bücher und Expertentipps darüber, tut mir Leid, ich habe die Antwort darauf noch nicht gefunden. Ich finde es nicht wichtig, wie oft es geschieht, sondern dass die Liebe die man für den anderen empfindet, noch immer da und spürbar ist. Wichtig ist auch, es gerne zu tun und nicht zu denken: „Oh nein, heute muss ich wieder einmal mit ihm schlafen sonst geht er fremd." Bei dieser Einstellung sollte man den Status seiner Beziehung überdenken, denn das ist bestimmt kein schöner Grund, um mit jemanden Liebe zu machen. Wie die Phrase schon beinhaltet: LIEBE gehört dazu. Ich habe viele Frauen kennengelernt, die so denken, und finde es immer wieder schade, so etwas zu hören.

Natürlich kann das wenig vorhandene Lust-empfinden der Frau auch andere Hintergründe haben. Ich persönlich habe die Erfahrung gemacht, dass die Hormone, die man sich mit der Pille jeden Tag einwirft, einen einfach blockieren. Man gaukelt seinem Körper permanent vor, dass man schwanger ist, und dann hat er, so kommt es mir vor, nur einen eingeschränkten Fortpflanzungstrieb. Ich habe meinen Körper jetzt sechzehn Jahre lang vollgepumpt und jetzt reicht es mir, weg damit. Ich muss sagen, ich bin erstaunt über das Ergebnis. Ich merke, wie sehr ich meinen Körper mit diesem Mittel ja eigentlich manipuliert habe, und genieße jetzt, wie es ist ohne künstliche Hormone zu leben. Besseres Körperbewusstsein, schönere Haut, der Bauch geht wieder leichter weg, mehr Energie und vor allem gesteigertes Lustempfinden sind das Resultat.

Natürlich muss sich der Körper erst langsam daran gewöhnen und dreht an manchen Tagen durch, aber das kann man ja wie mit einem Süchtigen vergleichen, dem man plötzlich sein

Suchtmittel entzieht, der sagt auch nicht: „Oh super, danke, dass du das getan hast, ich fühle mich jetzt viel wohler." Der merkt auch erst wenn er ganz clean ist, dass es wahrscheinlich die beste Entscheidung seines Lebens war. So wird es mir auch mein Körper erst nach einiger Zeit danken.

Ich kann dir nicht sagen welche negativen Auswirkungen das Weglassen der Pille auf meinen Körper haben könnte, denn ich habe diese nicht recherchiert. Wenn du liest: „Es verursacht Kopfschmerzen", denkst du permanent daran, dass du Kopfschmerzen bekommen könntest. Dann werden deine Gehirnzellen aktiviert und dieses Empfinden wird nicht lange auf sich warten lassen.

Also mache dir lieber Gedanken über die vielen Vorteile, die etwas mit sich bringt anstatt sich an den Nachteilen zu ergötzen. Natürlich muss man sich, in diesem Fall, über andere Verhütungsmethoden bewusst werden, und auch mit seinem Frauenarzt besprechen, aber da gibt es heutzutage schon so tolle Alternativen, für die es in jeder Partnerschaft die passende zu finden gilt.

Nun wieder zurück zum Sex: Ich habe die Erfahrung gemacht, dass Sex und emotionale Liebe für mich einfach zusammengehören. Diese Liebe und dieses Vertrauen finde ich nicht bei einem Mann, den ich beim Weggehen im Lokal kennengelernt habe und danach mit nach Hause nehme, um eine Nacht mit ihm zu verbringen. Und schon gar nicht findet sich diese Liebe bei irgendwelchen Dating Apps, wie furchtbar. (Es gibt bestimmt Ausnahmen) Aber OH MEIN GOTT, was ich da alles erlebt habe, will ich hier erst gar nicht anfangen zu erzählen, wenn ich nur daran denke... Prinzipiell schauen die Leute zu achtzig Prozent nicht so aus wie auf dem Profilfoto und wenn sie ein realitätsnahes Foto hochladen, trifft man sich wahrscheinlich nicht mit ihnen, weil ja der erste Eindruck zählt und leider sind wir da ja sehr oberflächlich gestrickt (ich inbegriffen). Die meisten wollen sowieso nur das Eine und sind dabei auch noch ziemlich plump. Einer schrieb mir mal an einem Sonntagnachmittag: „He ich habe gerade Zeit und mir ist langweilig willst du F*****? HALLO? Ernsthaft? Ich bin doch kein Fernseher, den man einfach so anmacht, weil man sonst nichts mit seinem Leben anzufangen weiß. Welche Frauen lassen sich so einfach auf etwas ein? Das kann doch echt nicht euer Ernst sein. Ein bisschen mehr Selbstwert und Würde darf es schon sein. Ich verstehe es voll, dass es für viele einfach nur um den Spaß geht, aber so ist das echt zu einfach. Für mich kommt das alles nicht (mehr) in Frage, ich will mein Gegenüber in „echt" kennenlernen, ihn riechen, ihn lachen sehen und hören, die kleinen Berührungen spüren, wenn man sich kennenlernt, die zufällige Begegnung irgendwo, bei der man sofort ins Gespräch kommt erfahren. Ja, ich bin OLD

SCHOOL, aber es gibt sie noch diese schönen romantischen Geschichten.

Hab' dich gesehen, du hast mich nur angeschaut,
schon konnte ich an nichts anderes mehr denken als an
deine nackte Haut.
Zeit verging und ich habe gewusst,
was ich für dich empfinde ist pure Lust.
Vernunft kannte ich ab jetzt nicht,
Neugier brannte sich in meinen Körper und sah ich
auch in deinem Gesicht.
Bei jeder Berührung bei jedem Blick stockt mein
Atem,
was ich alles will von dir kann ich dir nicht verraten.
Wie du dich bewegst zieht mich magisch an,
lass' unsere Körper eins werden, dich verführen ist mein
Plan.
Dich ausziehen deine Lippen spüren, bild ich es mir
ein oder willst du es auch,
Du und ich, nackt und überall, das ist alles was ich
jetzt brauch'.
Ich will dir zeigen wie sehr ich dich begehr',

mich zu beherrschen fällt mir schwer.

Es wäre falsch sich so gehen zu lassen,

Ich will dich riechen, schmecken, dich berühren, nur

einmal anfassen.

Ich muss es wissen, es probieren,

von Tag zu Tag mehr, wann wird es passieren?

18. KOMMUNIKATION

Der Kuss ist ein liebenswerter Trick der Natur, ein
Gespräch zu unterbrechen, wenn Worte überflüssig
werden.

Ingrid Bergmann

Ich musste im Laufe der Zeit lernen- es klingt
jetzt voll blöd, ich weiß- mich zu verständigen.
Zu einem selbstbewussten, selbstbestimmten
Leben gehört nun mal auch sich ausdrücken
zu können, zu sagen, was einem nicht gefällt,
ob es einem gut tut oder einen belastet. Einfach ehrlich mitzuteilen wie man sich bei diesem oder jenem fühlt. Ich war ein introvertierter Mensch, der neue Bekanntschaften mied
und im Altgewohnten seine Erfüllung suchte.
Wenn mir früher jemand gesagt hätte, wie
unbeschreiblich toll es ist, neue Menschen
kennenzulernen, erntete er höchstens ein unverständliches Lächeln von mir. Einfach mit

Fremden in ein Gespräch zu kommen, wie wertvoll diese „zufälligen" Bekanntschaften sein können, wurde mir erst in den letzten Monaten bewusst. Ein gutes Beispiel dafür: Eine sehr gute Freundin habe ich kennengelernt, weil ihre Autotür meine Autotür küsste. Daraufhin sind wir ins Gespräch gekommen und mir wurde bewusst, dass wir viele Gemeinsamkeiten haben. Es entstand eine wunderschöne Freundschaft, für die ich sehr dankbar bin, und die es heute nicht geben würde, wenn wir uns nicht „zufällig" über den Weg gelaufen wären. (Zur Erklärung: Für mich gibt es keine Zufälle. Alles, was geschieht, passiert aus einem Grund, auch wenn er anfangs noch nicht nachvollziehbar ist.)

Ein anderes Beispiel: Ich war vor ein paar Monaten am überlegen, wie ich Menschen helfen könnte. Ich habe meine soziale Ader entdeckt und mir war Geld spenden einfach zu wenig. Ich bin gesund, und ich will meine

Zeit sinnvoll in Menschen investieren, die sich freuen würden von mir unterhalten zu werden. Eines Tages wollte ich schnell einkaufen gehen und bin einer alten Frau begegnet. Eine rüstige, ältere Dame mit langen goldgrauen Haaren, einer schwarzen Sportleggings und einem süßen goldenen T-Shirt mit einer Glitzereule darauf. Sie war auch einkaufen und ich lernte sie beim Bezahlen kennen. Die Dame an der Kassa fragte, ob sie nicht vier Cent hätte. Da sie kein Kleingeld bei sich trug, gab ich ihr von mir fünf Cent. Sie bedankte sich daraufhin öfters und draußen vor dem Geschäft meinte sie, ob ich nicht öfter alten Menschen helfen möchte. Ihre Freundin wohnt in einem Seniorenheim und die suchen immer ehrenamtliche Mitarbeiter. Ich wusste, das ist die zündende Idee die mir fehlte. Daraufhin fand ich das Heim in dem ich zurzeit aushelfe und es war eine gute Entscheidung. Meine Zeit empfinde ich hier wertvoll „investiert", viele Menschen freuen sich, wenn ich ihnen einfach nur zuhöre und ich ihnen meine Aufmerksamkeit und Zuneigung zeige. (Klar, wem gefällt das nicht?) Es kommen so oft viele interessante Geschichten vor und man lernt immer Neues.

Am schwierigsten ist es mit der Kommunikation zwischen Mann und Frau. In den meisten Fällen versteht der Mann die Frau nicht und umgekehrt genauso. Dabei ist es ganz einfach: Der Mann sagt etwas, die Frau sagt nichts dazu, der Mann fragt: „Hast du was?", die Frau meint: „Ne ist nichts." Liebe Männer, ES IST NIE NICHTS! Liebe Frauen, bitte sagt einfach was euch stört, seid so selbstbestimmt und erklärt es ihnen: „Ich will nicht, dass du da weggehst, weil ich möchte, dass wir mal Zeit zu zweit verbringen". Begegnet ihm nicht tagelang mit Ignoranz und bestraft ihn nicht für etwas, wovon er nicht mal weiß, dass er es verbrochen hat. Männer denken nicht wie Frauen, viele checken das nicht. Sagt einfach klipp und klar was euch stört und redet redet redet. Ich habe mich leider mein Leben lang viel zu wenig mitgeteilt, was mich bedrückt oder auch was mir gefällt beziehungsweise wie ich es gern hätte. Ich dachte, für den Partner muss es doch selbstverständlich sein, der kennt mich doch schon lange genug. Aber nein, nichts und niemand sollte jemals als selbstverständlich angesehen werden. Alle Menschen in deinem Leben sind da, um dich auf deinem Lebensweg zu begleiten und um zu lernen, und wir sollten dankbar sein, dass es sie gibt und ihnen das auch immer öfter sagen und zeigen.

Sag' mir einfach was du willst,
damit ich dir geben kann was du verdienst.
Erklär' mir was dich bedrückt,
dein Schweigen macht mich verrückt.
Ich will dir die Welt zu Füßen legen,
doch du musst mir dein Vertrauen geben.
Du kannst mir deine Sorgen und Ängste erzählen,

vielleicht sind es dieselben die mich auch so quälen.

Erzähle mir deine Wünsche und Träume,

ich will nicht einen davon versäumen.

Rede einfach, ich höre dir zu,

denn das wichtigste in meinem Leben, das bist du!

19. FREUNDSCHAFT

Freundschaft ist eine Seele in zwei Körpern.

Aristoteles

Durch meine Familie lernte ich schon sehr früh Freundschaften kennen. Wir haben in einer Wohnung gelebt und in unserer Siedlung gab es viele andere Kinder, hauptsächlich Buben. Das war dann wahrscheinlich auch der Grund, weshalb ich die Liebe zum Fußball entdeckte. Beleuchten wir mal das Thema Freundschaft näher.

Als Kind geht man relativ offen damit um. Ich bemerke das bei meinem Sohn, der im Kindergarten häufig seine Freundschaften wechselt, weil er heute einfach nicht mit dieser Person befreundet sein möchte. Er spürt einfach, dass es für ihn heute nicht passt und meidet den Kontakt. Warum ist das, wenn man erwachsen wird, auf einmal so kompliziert? Oft müssen wir uns dazu zwingen, uns bei einem „Freund" zu melden, weil er sonst beleidigt sein könnte oder er redet nicht mehr mit uns. Doch eines weiß ich jetzt: Wenn du dich dazu durchringen musst, dich mit jemandem zu verabreden, ist diese Freundschaft für dich nicht mehr wertvoll genug. Denn wenn man das wirklich will, findet man immer wieder einfache Wege sich zu sehen.

Menschen und Lebensumstände ändern sich und so hart das auch manchmal sein mag, ab und an passen die Freundschaften nicht mehr in dein Leben. Lass' sie gehen, es werden neue kommen, die dir auf deinem Weg zur Seite stehen.

Dann gibt es aber noch diese besonderen Menschen in deinem Leben. Die Menschen, dich über viele Jahre hinweg begleiten; die auch, wenn man sich mal streitet oder vielleicht (jahrelang) pausiert, weil man sich gerade nichts mehr zu sagen hat, wieder zu dir kommen und sagen: Ich würde jederzeit alles für dich tun. Ich habe das Privileg, solche Menschen in meinem Leben zu haben, und ich bin unendlich dankbar, dass sich unsere Wege immer wieder kreuzen und wir gemeinsam weiterschlendern. Ich finde, wenn du mal eine Pause eingelegt hast und dann wieder zueinander findest, ist diese Verbindung noch intensiver als vorher.

Aber ich habe auch viele Freundschaften auf meinem bisherigen Lebensweg „stehen" gelassen, doch auch das musste sein, um in meiner Entwicklung voranzukommen. Die Interessen, die Lebensthemen, die Veränderungen sind unsere ständigen Begleiter und wir können nicht alles lernen was wir brauchen, wenn wir uns ständig mit denselben Umständen und Personen umgeben. Und Seelenpartner trifft man immer wieder… wenn nicht in diesem, dann im nächsten Leben…

Bist du laut und möchtest schreien,

ruf' mich an, ich kann dir meine Stimme leihen.

Hast du Zweifel die dich plagen,

ich hör' dir zu, du kannst dich bei mir über alles und

jeden beklagen.

Hast du Angst, oder weißt du mal nicht weiter,

ich lass' für dich die Sonne scheinen und mach' deinen

Himmel wieder heiter.

Ich bin da für dich bei Tag und Nacht.

Wir haben so oft zusammen geweint und gelacht.

Sind wir auch mal getrennt, bist du nie weg,

willst du alles liegen und stehen lassen,

warte ich vor deiner Tür mit meinem Gepäck.

20. TOD

„Vergesse nie, ich habe bereits tausend Leben gelebt, bevor wir uns kennenlernten und ich werde noch tausend Leben leben, doch nun vereint mit dir. Ich bin nicht tot, ich mache nur eine kurze Pause, bis wir uns wieder sehen in der Ewigkeit.“

Pascal Voggenhuber

Setzen wir uns jetzt mit dem Thema Sterben auseinander. Ich habe es bewusst als letztes Thema in meinem Buch gewählt, weil es einfach ein emotional belastendes Kapitel ist und ich nicht wollte, dass du mitten im Buch darüber nachdenkst oder es deine Stimmung beeinflusst. Wie so viele Menschen hatte ich, bevor ich mich dem Bewusstsein der geistigen Welt öffnete, furchtbare Angst vor dem Tod und alles rund um dieses Thema mied ich. Ich wollte nicht darüber sprechen, nicht darüber nachdenken und schon gar nicht wollte ich irgendetwas darüber wissen.

Ich gebe dir jetzt weiter, was ich empfinde und was ich durch Vorträge und Bücher in Erfahrung gebracht habe. Der Tod ist nichts Grausames, niemand kommt in die Hölle, Gott lässt keine Tür verschlossen und dich draußen warten, wenn du nicht brav genug warst.

Ich glaube auch an Reinkarnation, das heißt, dass wir alle öfter wiedergeboren werden. Der Seelenteil wandert nach unserem körperlichen Tod zu unserer Hauptseele zurück und darf dann wieder auf die Erde zurückkommen mit einem neuen Seelenteil. Bevor wir in die geistige Welt wieder aufgenommen werden, dürfen wir uns einen Lebensfilm anschauen, wo wir unser Leben Revue passieren lassen mit allen guten und allen schlechten Erlebnissen, allem was wir anderen zugefügt haben, positiv oder negativ, du wirst es noch einmal Hautnah spüren und sehen. Also solltest du vielleicht dein Leben so leben, als würdest du es gerne noch einmal erfahren.

Ich glaube auch daran, dass unsere lieben Verstorbenen immer unter uns und bei uns sind. Sie helfen uns bei vielen Entscheidungen und schicken uns auch immer wieder Zeichen, doch leider leben wir viel zu unbewusst, um diese wahrzunehmen. Manchmal sehnen wir uns so sehr nach ihnen und weinen, doch genau dann stehen sie neben uns und sind einfach da. Sie wollen, dass wir glücklich sind, und wir sehen uns alle irgendwann wieder. Ich habe heute keine Angst mehr vor dem Tod. Ich hoffe, dass er uns noch lange fern bleibt, aber ich lebe heute so, dass ich mich dann auf meinen Lebensfilm freuen kann, weil ich weiß, dass dann dieses Leben vorbei ist, und dass ich ein neues bekommen werde. Ich habe dann eine neue Chance alle nicht erfüllten Lebensaufgaben zu bewältigen und ein weiteres Mal die Freuden und auch das Leid des Lebens „genießen" zu können.

Für alle lieben Menschen, die aus meinem irdischen Leben gegangen sind und die ich immer bei mir fühle…

Nun bist du weg und hinterlässt nicht nur ein trauriges Gesicht,

dein Weg ist hier zu Ende, du gingst vor mir ins Licht.

Ich bin noch da und darf mein Leben leben,

noch einmal mit dir zu sprechen, dafür würde ich alles geben.

Ich vermisse es wie du redest und lachst,

doch ich weiß, dass du von dort oben über uns wachst.

Viele schöne Zeiten haben wir zusammen erlebt,

ich merke, dass mein Schmerz über deinen Tod langsam vergeht.

Ich habe manchmal Angst dich zu vergessen,

Bilder, Gedanken an dich präge ich mir ein stattdessen.

Erinnerungen an dich verblassen von Tag zu Tag,

doch um dich zu spüren brauch' ich nicht dein Grab.

Du bist da wenn ich mich nach dir sehne, genau hier

wo ich bin,

schließe ich meine Augen, kommt mir sofort deine

Wärme in den Sinn.

Eines Tages werden wir uns wieder sehen,

und auch im nächsten Leben Seite an Seite unseren

Lebensweg gehen.

Du bist nicht weg, du bist mir nur einen Schritt vo-

raus,

ich werde dir zur richtigen Zeit folgen,

dann sind wir beide wieder Licht, wieder vereint und

zuhaus'.

21. SCHLUSSWORT

Lieber Leser!

Ich danke dir vielmals, dass du dir Zeit genommen hast, mein Buch zu lesen. Ich würde mir wünschen, dass du die eine oder andere Zeile für dein Leben aufnehmen kannst und sich auch deine Welt positiv verändert. Ich wünsche dir, dass du auch dieses Bewusstsein erlangst und für dich entdecken kannst, denn es gibt viel mehr auf Erden als das, was wir mit unseren ungeschulten Augen sehen können. So viel Wissen steckt in uns allen, doch wir haben in diesem Leben noch nicht gelernt, es zu nutzen. Es passieren tagtäglich so viele schöne kleine Wunder, wenn du anfängst deine Gedanken und Gefühle bewusst ins Positive zu lenken, doch du musst Geduld haben und Veränderungen mit Wohlwollen begegnen. Denn Veränderungen bedeuten

Fortschritt und ich gehe davon aus, dass jeder ein Vorankommen in seinem Leben begrüßt.

Es gehört auch Mut dazu, Neues entdecken zu wollen und sich zu überwinden alte Denkmuster, die uns Erziehung oder die Gesellschaft suggerieren, hinter sich zu lassen. Vielleicht ist das jetzt zu viel für dich, weil es dir abgedreht oder so spirituell vorkommt und du mit dem (noch) nichts anfangen kannst, dann ist das okay. Doch glaube mir, wenn du einmal damit beginnst, dich mit den Themen auseinanderzusetzen, und deiner kritischen Seite den Stinkefinger zeigst und einfach mal versuchst Dinge auszuprobieren, wirst du erkennen, welche großen und kleinen Wunder das Leben noch für dich bereit hält. Denn du hast es selbst in der Hand, ob du dir dein Leben mit Angst, Wut, Selbstmitleid, Hass schwer machst oder dein Bewusstsein öffnest und eintauchst in eine Welt von Zufriedenheit,

Verständnis, Hilfsbereitschaft, Toleranz und vor allem LIEBE.

Ich persönlich bevorzuge es, mein Leben mit positiven Sichtweisen zu füllen.

Vielleicht habe ich dich anstecken können mit meiner Begeisterung und dein Leben ein klein wenig verändert, dann ist das für mich der Erfolg, den ich mit diesem Buch erzielen wollte.

Ich freue mich über jede einzelne Geschichte meiner Leser und wer weiß, vielleicht sehen wir uns mal oder du liest von mir in einem meiner nächsten Bücher.

Bis dahin wünsche ich dir alles Gute auf deinem Lebensweg, möge er geprägt sein von vielen kleinen und großen Wundern, von Gesundheit und Zufriedenheit aber vor allem von LIEBE.

Liebe dich, glaube an Wunder, hoffe Gutes!

Deine Daniela

22. Danksagung

Zuerst möchte ich mich bei dir, lieber Leser, noch mal bedanken. Vielen Dank, dass du dir das Buch gekauft hast und mein Leben, meine Gedanken mit mir teilst. Du hast damit auch einen wertvollen Beitrag für deine Mitmenschen geleistet, denn ich werde einen Teil meines Reinerlöses an einen karitativen Zweck spenden. Ich will meinen Erfolg nicht nur emotional, sondern auch finanziell teilen, denn ich bin so dankbar in ein so privilegiertes Leben geboren zu sein, und möchte Menschen unterstützen die nicht so viel Glück hatten.

Ich will mich bei ganz vielen „fremden" Menschen bedanken, weil ich ohne sie dieses Werk nicht schreiben hätte können. Jeder einzelne war eine Inspiration für mein Leben und mein Buch und ich bin dankbar, jeden davon getroffen zu haben.

Auch bedanke ich mich bei allen Menschen und vor allem Männern in meinem bisherigen

Leben, die mich im „Regen stehen haben lassen". Ich weiß jetzt, was ich nicht will und kann das Gute was noch kommt mehr wertschätzen.

Ich kann nicht alle lieben Menschen rund um mich namentlich erwähnen, aber einige sehr wichtige möchte ich aufzählen.

Zuerst danke ich meinem Sohn Paul, dass er geboren wurde, dass er sich mich als Mama ausgesucht hat, um gemeinsam das Wunder Leben erfahren zu können. Ich liebe dich genau so wie du bist mein Bär und unser gemeinsames Licht wird immer leuchten.

Meiner Familie möchte ich Danke sagen, Mama, Papa und meinem Bruder Christopher, die mich ein Leben lang geprägt haben und nicht ganz unbeteiligt daran waren, dass ich heute der Mensch sein kann, der ich bin. Sie haben mich reifen und lernen lassen. Ich bin froh, dass es euch gibt und ihr seid nicht nur Familie, ihr seid pure Liebe.

Meiner Freundin Elisabeth, sie ist für mich einer der intellektuellsten Personen die ich kenne und sie war eine meiner Erstleserinnen. Wir kennen uns seit dem Kindergarten und ich bin mir sicher, dass sie ein wichtiger Teil meiner Seelenfamilie ist und ich bin unendlich dankbar, so einen lieben und verständnisvollen Menschen in meinem Leben zu haben. Liebe Lisa, danke für alles, was du für mich getan hast, es ist wunderschön, so jemanden wie dich an meiner Seite zu haben, bei der man auch nach einem Sturm wieder zurückkommen kann, und es sich so anfühlt als wäre man nie weg gewesen.

Meiner anderen Lisa möchte ich danken. Wir haben uns bei der Arbeit kennen gelernt, doch eine wunderschöne Freundschaft entstand erst eine Zeit später, nachdem ich gekündigt hatte. Sie ist auch so ein „Büchermessi" und mit ihrem juristischen Gedankengut war sie für mich die zweite Vertraute als Übungsleser. Liebe Lisa, ich danke dir für deine Freundschaft, denn auch wenn wir uns nicht oft sehen, fühle ich mich dir immer extrem verbunden und ich liebe unsere offenen tiefgründigen Gespräche. Du bist ein toller, wertvoller Mensch und ich fühle mich sicher und als Gewinner wenn ich daran denke, dass du mich vielleicht mal gerichtlich vertreten musst. Meiner Freundin Barbara möchte ich großen Dank aussprechen, sie war die erste, die von meinem Vorhaben, ein Buch zu schreiben, erfahren hat und sie stand von der ersten Sekunde an hinter mir und ließ mich keine Sekunde daran zweifeln, dass das mein Weg ist, den ich gehen soll, und dass sie ihn mit mir geht. Liebe Babsi, danke für dein helles Wesen, ich freue mich, dass sich unsere Wege wieder gekreuzt haben und hoffe, dass wir unsere Lebensaufgaben so lange als möglich gemeinsam bewältigen können. Zwei Körper – eine Seele kommt mir als erster in den Sinn, wenn ich an dich denke.

Meiner Cousine Claudia möchte ich noch danken, dass sie mich ermutigt hat, ein Buch zu schreiben und mir immer wieder spüren hat lassen, dass sie das liebt, was ich schreibe.

Ich danke allen Engeln und göttlichen Begleitern, die mich immer wieder in die für mich richtigen Bahnen gelenkt haben und mir so mitteilten, dass das hier mein Weg ist und alles in Bewegung gesetzt haben, damit mein Traum in Erfüllung geht.

Zum Schluss möchte ich mich noch bei einem ganz besonderen Menschen bedanken. Ich habe ihn in der wichtigsten Phase meines Lebens, also meiner Veränderung zu neuem Bewusstsein, kennengelernt und er hat mich, wenn auch manchmal etwas unsanft, in diese Welt eingeführt. Er hat mir gezeigt, dass es da mehr gibt, als die Welt die ich wahrnehme. In unzähligen tiefgründigen Gesprächen hat er mir meine Schwächen aufgezeigt, damit ich weiter an mir arbeiten kann. Ohne ihn wären viele Seiten dieses Buches leer. Ich nenne nicht seinen Namen, wenn er es liest, weiß er, dass er gemeint ist. Ich danke dir für alles, was du für mich getan hast, du trägst großen Anteil daran, dass dieses Buch existiert, denn ohne dich wäre ich nicht meinem Herzensweg gefolgt. Ich vergebe dir, ich hoffe du kannst auch mir verzeihen.

23. Bücherverzeichnis:

Enjoy this Life – Wie du dein ganzes Potential entfaltest;
Pascal Voggenhuber, Allegria Verlag

Entdecke deine Sensitivität – Wie du deine übersinnlichen Fähigkeiten realisieren kannst;
Pascal Voggenhuber, Allegria Verlag

Nachricht aus dem Jenseits – Meine Kontakte mit Verstorbenen und der Geistigen Welt;
Pascal Voggenhuber, Giger Verlag (Davon gibt es demnächst eine neue Ausgabe)

Die Weite zwischen Himmel und Erde – Entdecken Sie Ihre übersinnlichen Fähigkeiten;
James van Praagh, Heyne Verlag

Liebe – Warum wir im Außen nicht finden können, was immer schon in uns ist; James van Praagh, Reichel Verlag

The Secret – Das Geheimnis Rhonda Byrne, Arkana Verlag

Christina – Band 1 Zwillinge als Licht geboren; Bernadette von Dreien, Govinda Verlag

Christina – Band 2 Die Vision des Guten; Bernadette von Dreien, Govinda Verlag

24. Die Autorin

Daniela Jud, geboren am 19. Jänner 1987 in Graz, lebt mit ihrem Sohn außerhalb von Graz. Schon als Teenager liebte sie es zu schreiben und bemerkte früh, dass sie ihre Gefühle und Gedanken am besten in Gedichten und Texten verarbeiten kann. Daraus entstanden und entstehen unzählige Werke und der Traum, eines Tages ihre eigenen Bücher in Händen zu halten und etwas zu erschaffen, das andere Menschen emotional berührt. Sie möchte viele Menschen mit ihrer Begeisterung für das Leben und für die Spiritualität anstecken. Nach Fertigstellung ihres Buches bekam sie ein Jobangebot und darf jetzt einen weiteren Traum leben: Sie arbeitet als freie Redakteurin für das Magazin Blickwinkel.

Internet:
www.daniela-jud.at
E-Mail:
office@daniela-jud.at